우리 사회는
공정한가

Copyright ⓒ 2012, 경제·인문사회연구회 지음
이 책은 한국경제신문 한경BP가 발행한 것으로
본사의 허락없이 이 책의 일부 또는 전체를 복사하거나 전재하는 행위를 금합니다.

통계와 사례로 바라본 한국 사회의 공정성

우리 사회는 공정한가

경제·인문사회연구회 지음

한국경제신문

| 서문 |

공정사회란?

지금 우리 사회가 지향해야 할 핵심적인 가치. 그러나 이론적 상황에서 벗어나 현실 상황에서 공정 가치를 대할 때, 그 누구도 쉽고도 명쾌하게 무엇이 공정하다고 판정내리기 어려운 과제.

이 책은 이러한 공정에 대한 이상理想과 현실現實 사이의 간극을 좁히고자 집필되었습니다.

공정사회는 지난 2년간 우리나라의 정치·경제·사회·문화 전 분야에 걸쳐 정부를 중심으로 시민단체, 언론, 학계와 연구계 등 거의 모든 부문에서의 핵심적인 화두가 되어 왔습니다.

그동안 논의된 내용들을 보면 대부분 거대 담론을 중심으로 지금 우리 한국 사회 내에 아직도 불공정한 사례가 다수 존재하고 있다는 문제제기와 더불어, 이에 근거해 우리 사회가 좀 더 공정해야 된다는 당위성, 그리고 이러한 불평등 또는 불공정한 사례를 개선하고자 하는 정책적 과제 제시와 개선 노력이 주류를 이루고 있다고 생각됩니다.

그러나 정작 공정 사회에 관해 우리 사회 전반을 관통하는 실증적인 사회 조사를 기반으로 한, 즉 우리 사회의 공정성 수준을 객관적으로 비교해 알 수 있는 국내외 자료는 거의 찾아볼 수 없는 형편입니다.

이는 아마도 사회적 합의가 어려운 상황에서는 행복의 극대화를 추구하는 유토피아적 목표를 설정하지 말고 가난, 문맹, 질병과 같은 사회적 고통을 제거하는 고통의 최소화를 목적으로 하라는 포퍼의 주장과 맥을 같이 한다고 봅니다.

　그렇다면 앞으로의 공정 사회 정책을 추진하는 데 있어서 사회적 합의의 수월성만을 고려하여 우리 사회의 불공정 사례를 찾아 개선하는 방식으로 나아갈 것인가에 대해 생각해 볼 때라고 생각합니다.

　이와 같은 배경에서 경제·인문사회연구회는 한국 사회의 공정성 및 불평등에 대해 일반 국민이 인식하고 체감하는 정도를 객관적으로 도출하고자 여러 가지 시도를 해왔습니다. 그리고 이러한 노력의 일환으로 사회과학협의회와 성균관대 서베이리서치센터와 공동으로 지난 20여 년 동안 축적된 한국종합사회조사KGSS와 ISSP의 시계열 자료들을 기반으로 각 분야에서의 국내외 공정성 지표의 변화 추이와 국제 비교를 제시한 연구를 수행했습니다.

　비록 이 연구가 아직은 시작점에 위치하고는 있으나, 그간의 이론적 정책적 담론 수준에서 불평등의 최소화를 목적으로 제시되던 논의와는 의미 있는 차이가 있는 것으로 자체 평가됩니다.

　무엇보다도 공정 사회가 일상생활에 스며드는 국민 공감형의 담론이 되기 위해서는 시민 사회와 정부, 전문가들의 조화로운 참여와 소통이 필요하며, 무엇보다도 국민의 적극적인 이해와 참여가 요구된다고 할 수 있겠습니다.

　이러한 목적으로 경제·인문사회연구회는 공정과 불평등에 관한 사회 조사 분석 결과를 학술적 전문지식이 부족한 일반인들의 입장에서도 별다른 어려움 없이 이해할 수 있도록 하기 위해 보다 쉽고 대중적인 관점으로 재정리해 단행본으로 발간하게 되었습니다.

　아무쪼록 공정 사회 구현을 염원하는 시대정신을 반영해 보다 객관적이고 실증적인 통계와 사례를 제시한 이 책이 정부와 시민, 기업과 시장 등의 소통과 화합, 상호 이해에 기반한 진정한 공정 사회 실현에 미력이나마 기여할 수 있기를 기대합니다.

　아울러 이 책이 완성되기까지 노고를 아끼지 않으신 한국사회과학협의회 정용덕 회장, 성균관대 서베이리서치센터 김상욱 소장 및 집필진과 출판사 관계자 여러분들께 진심으로 감사하다는 말씀을 드립니다.

2012년 12월
경제·인문사회연구회 이사장
박진근

우리 사회는 공정한가 : 통계와 사례로 바라본 한국 사회의 공정성
| 차례 |

서문 __ 004

1장 정부의 공정성에 대한 2개의 시선 ········· 009
　－ 절차적 공정성과 결과적 공정성 사이에서의 딜레마

2장 베이비부머 세대 vs 에코 세대, 갈등을 넘어 공감으로 ········· 049
　－ 한국 직장인들의 세대 간 공정성

3장 나는 얼마의 임금을 받아야 적정한가 ········· 109
　－ 한국인의 소득 공정성과 소득 불평등

4장 교육 기회와 취업 기회는 공정한가 ········· 161
　－ 한국 사회의 기회 공정성

5장 소수자는 과연 공정하게 살아가는가 ········· 219
　－ 한국 사회의 소수자 공정성

참고문헌 __ 258

| 1장 |

정부의 공정성에 대한 2개의 시선
절차적 공정성과 결과적 공정성 사이에서의 딜레마

엄석진(서울대학교 행정대학원 교수)
윤영근(서울대학교 행정대학원 BK21 사업단 박사후 연구원)

많은 국민들은 정부가 국민들을 위해 더 유익한 일들을 많이 하는 동시에 공정한 정부가 되길 원한다. 그러나 명확한 답은 없다. 공정성 자체가 양면적 속성을 지니고 있으며 정부는 양측의 균형을 맞추기 위해 그때그때 노력할 뿐이다. 공정한 정부는 정부만의 문제가 아니다. 공정한 정부가 되기 위해서는 사회 자체의 공정성과 전반적인 신뢰 및 관용의 수준이 함께 높아져야 한다.

사람이 법을 만드는데 이럴 수 있소

'단돈 7,000원 때문에…' 시청 화단서 자살한 할머니

지난 8월 7일 오전 경남 거제시청 입구 화단에서 농약을 마시고 스스로 목숨을 끊은 이모(78)씨는 불과 7,000원 때문에 국민 기초생활수급 대상에서 탈락했다. 이는 최근 부양의무자(1촌 직계혈족과 그 배우자)인 사위의 소득 증가로 인해 부양의무자 기준에 따른 부양비가 기초생활수급 기준을 초과했기 때문이다. 이씨의 경우 딸 부부가 주는 것으로 간주된 부양비는 56만 원이었는데, 기초수급자가 되려면 이 부양비가 최저생계비보다 적어야 한다. 숨진 이씨에게 적용되는 1인 가구 최저생계비는 55만 3,354원이었기 때문에 이씨는 7,000원도 채 안 되는 차이 탓에 기초수급 자격을 잃게 된 것이다. 생전에 이씨가 나라에서 받아온 돈은 월 생계급여 24만 원과 주거급여 5만 8,000원, 기초노령연금 9만 4,600원을 합쳐 39만 원 정도였으

며, 기초수급 자격상실 이후 사위가 모시려 했지만 신세를 질 수 없다며 거부한 것으로 전해졌다. 이씨의 유서에는 "사람이 법을 만드는데 이럴 수 있소", "복지과가 뭐하는 곳인지"라는 등 보건복지부의 부양의무자 기준과 거제시청의 행정 처분에 대한 원망이 적혀 있었다. 지난해에도 복지부의 기초수급자 확인 조사 뒤 수급 자격을 잃은 2명의 노인이 잇따라 목숨을 끊었다.

– 출처 : 〈서울신문〉, 2012. 8. 8, 〈한겨레신문〉, 2012. 8. 9.

안타까운 이 사례를 우리는 어떻게 이해해야 할까? 불필요한 서류와 행정 절차에만 매몰돼 빈부 격차 해소와 분배적 정의를 도외시한 시대착오적이고 불공정한 행정의 결과로 보아야 할 것인가, 아니면 복지 예산 등 행정 자원의 부족 속에서 모든 사람들에게 공평하게 적용되어야 할 법과 규정에 따른 행정 처리 결과 나타난 피치 못할 사건으로 보아야 할 것인가?

이 사례는 국민들이 바라는 정부의 공정성이란 실상 서로 다른 2가지 측면이 담겨 있다는 사실을 말해주고 있다.

최근 들어 한국 사회에서 '공정성fairness'만큼 자주 논의된 단어도 없을 것이다. 공정성에 대한 전문가들의 문제제기가 어느 때보다도 활발하게 이뤄지는가 하면, 일반인들의 관심도 매우 높은 것으로 보인다. 샌델Michael Sandel 교수의 책 《정의란 무엇인가》는 쉽지 않은 내용을 담고 있음에도 불구하고 단기간에 베스트셀러에 등극했고, 유사한 주제를 담은 인문 서적들이 연이어 출간됐다.

또 일반 시민을 대상으로 한 공정성 관련 강연이 여러 차례 열리는가 하면, 관련 TV 프로그램으로 편성되기도 했다. 특히 경제 분야에서는 대기업과 중소기업 간의 불공정 하도급 관행과 대형 마트와 재래시장 간의 충돌 등이 사회적 이슈로 제기되면서 공정 거래 및 공정 경쟁 같은, 시장에서의 공정성도 새로이 주목받고 있다.

사회 각 부문별로 표현 방식과 강조점이 조금씩 다르기는 하지만 공정성은 현 시대의 가장 중요한 가치로 부각되면서 일반 시민들, 정치 지도자들, 언론인들 그리고 학자들 모두가 공정성 담론에 참여하는 형국이 됐다. 이명박 정부 역시 2010년 가을 '공정 사회 실현'을 국정 지표로 설정하고 공정성 제고를 위한 다양한 정책을 추진했다. 공정성에 대한 이러한 관심은 비단 한국에서만의 현상은 아니다. 최근 뉴욕 월가 시위가 전 세계로 번져나간 것에서 보듯이 신자유주의가 몰고 온 경제적 양극화 심화와 이에 따른 공정성 문제는 다른 나라에서도 큰 관심의 대상이 되고 있다.

오바마 미국 대통령이 2012년 새해 국정 연설State of the Union address에서 정부의 역할은 번창하고 공정한 사회를 이룩하는 것이라고 주장하면서 '경제적 공정성economic fairness'을 주요 국정 목표로 내세운 것이 대표적인 예다(이종수, 2012 : 36). 바야흐로 현 시대는 공정한 정부를 필요로 하는 시대임은 분명하다고 말할 수 있다.

그런데 많은 사람들이 공정성을 정부가 추구해야 할 중요한 가치 중 하나로 제시하고, 정부에서도 정책과 행정 절차의 공정성 개선을 위해 여러 가지 정책적 노력을 다하리라 약속하고 있음에도 불구하고 '공정한 정부'는 일반 시민의 입장에서 볼 때 여전히 요원한 것 같다. 국민들은 정부의 공정성에 대해 어떻게 평가하고 있을까? 정부가 공정하다고 생각할까? 더 구체적으로 행정부, 사법부, 입법부의 공정성에 대해서는 어떻게 생각하고 있을까? 정부의 공정성에 대한 국민들의 인식은 과거보다 더 개선됐을까, 아니면 악화됐을까?

더 어려운 문제는 '어떠한 정부가 공정한 정부인가'와 관련된 문제다. 이는 '정부가 추구해야 할 공정성이란 이것이다'라고 판단하기가 어렵기 때문이다. 서두에 제시한 사례가 바로 그런 점을 보여주고 있다. 국회와 정부가 제정한 각종 법률과 규칙을 모든 이해관계자들에게 '편견 없이 불편부당하게' 적용하기만 하면 공정한 정부인가, 아니면 궁극적으로 모든 국민들이 빈부 격차가 적고, 비교적 공평한 분배와 생활수준을 누리도록 분배적 정의를 추구하고 실현하는 정부가 공정한 정부인가?

이 모든 것을 다 추구해야 한다면 어떤 것이 더 중요하다고 말할 수 있을까? 이에 대해서는 쉽게 답할 수 없다. 이미 우리는 양자의 입장이 모두 일정 부분 설득력이 있다는 사실을 알고 있기 때문이다.

여기까지 읽은 독자라면 이미 짐작하겠지만 이 글의 목적은 위의 질문들에 대해 어떤 '정답'을 제시하는 데 있지 않다. 그보다는 문제를 제기하고 공정성과 관련해 정부가 어떤 딜레마적 상황에 직면해 있음을 이해하는 데 목적이 있다. 이를 위해 정부의 공정성에 대한 국민들의 인식 자료와 공정성에 대한 학문적인 논의들을 활용할 것이다.

구체적인 내용은 다음과 같다. 첫째, 정부의 공정성과 관련해 국민들의 생각이 어떠한지를 각종 여론 조사 자료와 사회 조사 자료를 활용해 살펴보고 정부의 공정성에 대해 국민들의 생각이 어떠한지를 객관적으로 살펴보고자 한다.[1] 정부의 공정성에 대한 국민들의 생각을 정확하게 파악하는 것이 공정한 정부를 만드는 첫걸음이라고 생각하기 때문이다.

둘째, 공정성 개선과 관련해 정부가 당면한 딜레마를 함께 고민해 보고자 한다. 여기서는 정부의 공정성에 대한 여러 학자들의 논의를 통해 공정한 정부를 놓고 대립하는 조화하기 어려운 '2개의 시선'을 살펴볼 것이다. 이 2개의 시선이 가지는 각각의 의미와 함께 그로 인해 발생할 수 있는 문제점들을 공정성에 대해 정부가 직면하고 있는 딜레마적 상황을 예로 들면서 이야기할 것이다. 이러한 과정을 통해 공정한 정부의 조건에 대해 독자들에게 문제를 제기하고 진지한 토론을 시작해보고자 한다.

---

[1] 실증분석을 위해 활용된 자료는 한국 사회과학협의회가 주관한 〈한국 사회의 공정성 및 형평〉 시계열조사(1990, 1995, 2000), 성균관대학교 서베이리서치센터가 주관하는 〈한국종합사회조사(KGSS: Korean General Social Survey〉 시계열 조사(2005, 2009, 2010, 2011), 서울대학교 행정대학원 한국정책지식센터가 주관하는 〈시민 인식도 조사〉 시계열 조사(2006~2011)와 〈공무원 인식도 조사〉 시계열 조사(2009~2011)다.

시민들은 정부의 공정성에 대해
어떻게 생각하고 있을까

정부의 공정성에 대한 시민들의 인식

일반 시민들이 정부의 공정성을 이해하는 방식은 여러 가지일 것이다. 대통령의 국정철학을 보고 판단하기도 할 것이고, 정부의 정책을 보고 판단할 수도 있다. 포괄적으로는 정부의 일상적인 활동 전체를 공정성의 잣대로 평가할 수도 있다. 그런데 공정성에 대한 시민들의 관심이 늘어나고 공정 사회나 경제적 공정성 같은 담론이 확산됐음에도 불구하고 '정부의 공정성'에 대한 별도의 논의가 이뤄진 경우는 거의 없었다.

또 '정부 신뢰'에 대한 여론 조사와는 달리 '정부의 공정성'만 다룬 여론 조사도 거의 이뤄지지 않은 것으로 보인다. 그러나 관련 조사를 통해 볼 때 유감스럽게도 현재 우리나라에서 정부의 공정성에 대한 평가는 그리 긍정적인 것 같지 않다. 이러한 내용은 아래의 조사 결과를 통해 알 수 있다.

먼저 한국 사회과학협의회가 주관한 〈한국 사회의 공정성 및 형평〉 시계열 조사(1990, 1995, 2000) 등 각종 사회 조사 자료를 보면 국민들은 정부의 공정성에 대해 매우 비판적인 견해를 가지고 있음을 알 수 있다. 조사는 교육 기회, 취업 기회, 여성에 대한 대우, 소득과 재산, 행정[2] 등의 공정성에 대해 1990년부터 2009년까지 5년 주기로 실시한 것이다.

이 조사 자료들을 분석한 결과 [그림 1]과 같이 나타났다. 전반적으로는 교육 기회의 공정성만이 보통 이상의 긍정적인 수준의 평가를 받아왔으며, 정부의 공정성은 2009년까지 보통 이하의 수준을 보이고 있는 것으로 나타났다. 또 정부의 공정성은 2000년까지는 다른 영역에서의 공정성 인식 수준에 비해 낮게 평가되다가 2005년 이후 취업 기회 및 소득과 재산의 공정성에 비해 개선된 것으로 나타나고 있다. 그러나 이는 지속되는 취업난과 사회적 양극화 심화로 인해 이들 지표에 대한 공정성 인식이 더 악화된 결과 나타난 상대적인 현상일 수 있다. 다시 말해, 행정의 공정성이 개선됐다는 직접적인 증거로 보기에는 한계가 있으며 더 심층적인 분석이 필요하다.

---

2 본래 설문에서는 '법의 집행' 항목이었으나 이 연구에서는 '법의 집행'을 정부의 활동인 '행정'으로 넓게 해석해 분석했다.

그림 1 | 정부의 공정성 인식과 그 변화 추이 : 1990~2009

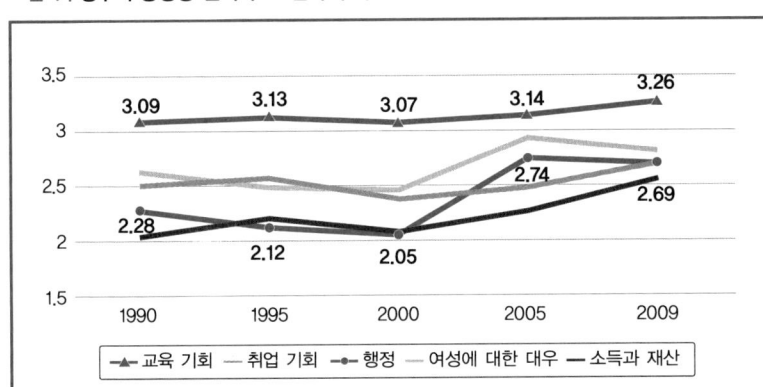

- 출처: 〈한국 사회의 공정성 및 형평〉 시계열 조사(1990, 1995, 2000), 〈한국종합사회조사(KGSS)〉(2005), 〈시민 인식도 조사〉(2009).
* 5점 척도 (1: 매우 평등, 2: 평등, 3: 보통, 4: 다소 불평등, 5: 매우 불평등).

공공기관에 대한 공정성 인식도 보통 이하인 것으로 조사됐다. 2011년 중앙행정부처, 입법부, 법원, 지방자치단체, 시민운동단체, 언론기관의 공정성 수준에 대한 응답의 평균값은 [그림 2]와 같다. 시민운동단체의 공정성(2.92)이 가장 높게 평가되고 있는 가운데, 중앙행정부처(2.63), 지방자치단체(2.71), 법원(2.57) 등 전반적으로 공공기관의 공정성이 보통 이하의 수준으로 평가되고 있음을 알 수 있다. 특히 입법부의 공정성(2.28)이 가장 낮게 평가되고 있다.[3]

좀 더 구체적인 기준에 따른 공정성 평가 결과를 살펴보자. 즉 아무런 기준 없이 정부의 공정성 수준에 대한 인식을 묻기보다는 (1)

---

3 〈한국 사회의 공정성 및 형평〉 2000년 조사 결과에 따르면 정부 2.29, 입법부 2.07, 법원 2.27이었다.

그림 2 | 공공기관별 공정성 수준

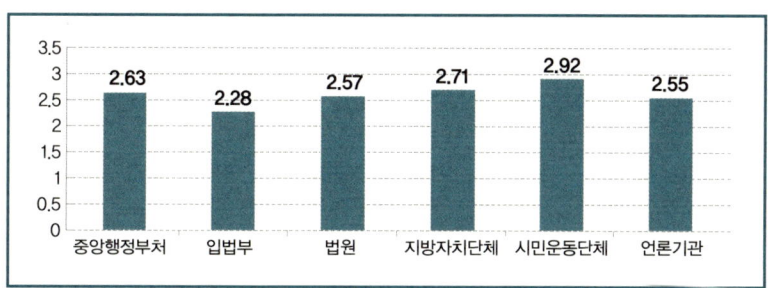

- 출처: 〈시민 인식도 조사〉(2011).
* 5점 척도 (1: 전혀 공정하지 않다 ~ 5: 매우 공정하다).

다른 지역 주민과 비교해, (2) 자신에게 부여된 의무와 책임과 비교해, (3) 세금 액수와 비교해 '정부로부터 공정한 대우를 받고 있는가'라는 질문에 대한 2000년과 2011년의 조사 결과의 평균값과 긍정응답률은 [표 1]과 같다.

분석 결과, 2000년과 2011년의 3개 항목의 평균값 모두 보통 이하의 부정적 인식이 우세한 것으로 나타났다. '매우 공정하다'와 '공정하다' 등 긍정적 답변의 비율을 나타내는 긍정응답률도 각 연도의 모든 기준에서 20% 이하임을 알 수 있다. 다만 2000년 조사 결과와 비교할 때 2011년의 경우 '의무와 책임' 그리고 '세금 액수' 기준의 공정성 인식에서 통계적으로 유의미한 개선 경향이 나타났다.[4]

---

[4] 2000년도와 2011년도의 평균값 비교를 위한 검정 결과, 다른 지역 주민과의 비교 기준의 경우 t=0.737로 그 차이가 통계적으로 유의미하지 않았으나 의무와 책임 기준의 경우 t=-6.808, 세금 액수 기준의 경우 t=-10.433로 통계적으로 유의미한 것으로 분석됐다(p<.001).

표 1 | 정부의 공정성 관련 항목 인식도 조사 결과

구 분	2000년		2011년	
	평균값	긍정응답률(%)	평균값	긍정응답률(%)
다른 지역 주민에 비해	2.97	18.2	2.94	15.4
의무와 책임에 비해	2.72	16.3	2.93	16.2
세금 액수에 비해	2.32	9.8	2.74	11.1

- 출처: 〈한국 사회의 공정성 및 형평〉(2000), 〈시민 인식도 조사〉(2011).
* 5점 척도 (1: 전혀 공정하지 않다 ~ 5: 매우 공정하다).

일반 시민과 공무원 집단 간 정부의 공정성 인식

흥미로운 사실은 정부의 공정성 인식에 대해 일반 시민들과 공무원 집단 간에 공정성 인식 수준에 차이가 존재한다는 점이다. 정부의 공정성에 대해 일반 시민들과 공무원의 인식 차가 클수록 정부의 공정성에 대한 시민들의 문제제기 가능성이 높을 뿐만 아니라 이와 같은 시민들의 문제제기에 대해 정부의 반응성이 낮아질 가능성이 크다는 점에서 일반 시민들과 공무원 집단 간의 인식 차이는 중요한 의미를 갖는다고 볼 수 있다.

[표 2]는 정부의 공정성과 관련된 4개의 문항에 대한 공무원 집단의 응답과 일반 시민들의 응답을 분석한 결과다.

조사 결과를 보면 4개 문항 모두에서 일반 시민과 공무원 집단 간에 인식 차가 있음을 확인할 수 있다. 시민들은 4항목 모두에서 보통 이하의 부정적 평가를 보인 반면 공무원 집단들은 보통 이상의 긍정적 평가를 내리고 있다. 특히 긍정응답률에서도 시민들의 긍정응답률은 20% 수준을 넘지 못하는 데 반해 공무원 집단의 긍정응답률은

표 2 | 정부의 공정성에 대한 일반 시민과 공무원 집단 간 비교

구 분	평균값		긍정응답률(%)	
	시민	공무원	시민	공무원
정부는 깨끗하다	2.38	3.32	6.7	44.1
정부는 정직하다	2.27	3.28	5.3	39.5
공직자는 대체로 정직하고 공평하다	2.8	3.87	21.0	75.8
국민은 공무원으로부터 정당하게 대우받는다	2.76	3.31	18.8	46.0

— 출처 : 〈시민 인식도 조사〉(2011), 〈공무원 인식도 조사〉(2011).
* 5점 척도 (1: 전혀 그렇지 않다 ~ 5: 매우 그렇다).

일반 시민에 비해 상대적으로 높게 나타나는 것을 확인할 수 있다. 특히 '공직자는 대체로 정직하고 공평하다'는 항목의 긍정응답률은 75%를 상회하는 것으로 나타나고 있으며, '국민은 공무원으로부터 정당하게 대우받는다'는 문항에 대해서도 긍정응답률이 46%에 이르는 것으로 나타나고 있다.

위의 조사 결과를 종합하면, 전반적으로 일반 시민들은 정부의 공정성에 대해 보통 이하의 부정적 평가를 내리고 있는 것으로 분석됐다. 관련된 모든 문항에서 정부의 공정성은 부정적인 것으로 나타났다. 다만 2005년을 기점으로 긍정적인 개선의 추세가 나타나고 있는 것으로 분석됐지만 이것 역시 정부의 공정성이 개선됐다는 명백한 증거로 보기에는 한계가 있다.

아울러 일반 시민과 공무원 간 정부의 공정성 수준에 대한 인식 차도 큰 것으로 나타났다. 이는 두 집단 간 인식 차의 원인 분석과 함께, 정부의 공정성 개선 과정에서 일반 시민들의 관점과 인식을 반영할 수 있는 방안 마련이 필요하다는 것을 시사한다.

공정성은 다면적인 특성을 가진다

국민들이 정부의 공정성을 부정적으로 인식하는 이유에 대해서는 다양한 관점으로 설명할 수 있을 것이다. 그리고 이것은 사람들이 생각하는 공정성이란 것이 각기 다른 의미로 통용되고 있다는 사실과도 관련이 있다. 2010년 가을에 '공정 사회 구현'이라는 정책 의제가 제시됐을 때 전문가들 중에는 분배적 정의distributive justice를 강조하는 사람이 있는가 하면, 절차적 정의procedural justice에 초점을 두는 사람도 적지 않았다.

또 다른 전문가들은 법치 질서의 확립을 공정 사회 구현의 우선 과제로 제시하기도 했다. 더 나아가 비판적 입장의 어떤 사람들은 현행 법치 질서의 강조는 기득권 지키기에 다름 아니라고 주장하면서, 더 근본적으로 우리 사회의 사법적·행정적 질서 자체의 공정성을 문제 삼기도 했다(이종수, 2012 : 81).

이처럼 공정성에 대해 다양한 시각이 있는 것처럼 정부의 공정성 개념 역시 여러 측면을 포괄하고 있다. 그리고 정부의 공정성에 대해 서로 다른 관점에서 논의하다 보니, 불공정성에 대한 현상 진단과 원인 분석, 처방 역시 상이하게 나타나게 된다. 따라서 정부의 공정성을 이해하기 위해서는 먼저 공정성이란 말 속에 담긴 의미를 살펴보는 것이 도움이 될 것이다.

공정성에 대한 철학적 논의는 공정성이 복잡하고 다양한 개념임을 보여준다. 공정성 개념의 다의성은 공정성의 사전적 의미가 다양한 데서도 확인할 수 있다. 사전적 의미에서 공정성은 영어로 fairness나 justice에 해당한다. fairness는 우리말로는 '공정', '공평'으로 번역되지만 justice는 '정의'로 번역된다. 이를 감안하면 공정은 공평하고 정의로운 것을 포괄하는 단어로 볼 수 있으며, 공정의 개념에서 정의의 문제는 떼려야 뗄 수 없는 관계로 볼 수 있다(황혜신, 2011 : 15).[5]

따라서 공정성의 논의는 곧 정의에 대한 논의와 일맥상통하게 된다. 공정성에 대한 많은 논의가 있겠지만 그 철학적 논의를 압축하면 결과주의적 공정성 개념과 절차주의적 공정성 개념으로 구분할 수 있다. 전통적으로 정의론자들은 정의를 결과주의적 관점에서 접근해왔다. 정의에 관한 고전 중 하나인 아리스토텔레스의 《정의론》에

---

5 영영사전 《Collins Cobuild Advanced Learner's English Dictionary》(2009)에 따르면 'Justice'는 'fairness in the way that people are treated'로 정의되고, 'fairness'는 'the quality of being reasonable, right, and just'로 정의된다.

서는 "각자에게 각자의 몫을 주는 것"을 정의로 보았으며, 이는 분배의 공정성distribute justice을 의미했다. 분배의 공정성은 자신이 조직에 투입한 노력과 그로부터 받은 보상의 비율이 자신의 준거 대상인 타인의 그것에 비해 얼마나 일치하는가 하는 것이다(김호균, 2007 : 71). 이는 보상의 크기에 대한 공정성, 즉 수행된 업무에 상응하는 결과의 공정성을 의미한다(황혜신, 2011: 31).

그런데 결과적 관점에서 정의로운 것, 공정한 것을 평가하기란 쉽지 않다. 그 이유는 어떤 결과가 다양한 요소들의 복합적인 성과라는 점, 따라서 결과의 정의를 평가하기 위해서는 경쟁적인 다원적 기준들이 갈등하게 되는데, 그 같은 갈등을 해결해줄 단일한 우선의 원칙을 발견하기가 어렵기 때문이다(황경식, 2011 : 16).

사실 결과만 놓고 논의하면 개인이 달성한 사회 경제적 불평등의 원천이나 불평등이 발생한 과정에 대한 고려가 미흡할 수밖에 없다. 문제가 되는 불평등은 개인의 의지로 통제할 수 없는 환경적인 차이로 인한 것이며, 따라서 공정성에 대한 논의 역시 원인과 과정에 기초할 수밖에 없는 것이다(김세원 외, 2011).

이런 이유 때문에 현재의 정의론자들은 결과주의적 관점이 아닌 과정을 중요시하는 절차주의적proceduralist 관점에서 정의에 접근하는 것이 보다 합당하다는 생각에 이르게 됐다. 결과의 정의를 분석, 평가하기는 쉽지 않지만 절차의 공정성이 보장될 경우 결과는 어떤 것이든 공정하고 정의롭다는 생각에 이르렀기 때문이다.

이런 관점에서 미국의 철학자 롤스John Rawls는 정의를 공정성fairness으로 이해했으며, 당사자들을 공정하게 대우하는 절차를 구상하고 그로부터 합의를 도출하는, 이른바 계약론적 토대 위에 정의론을 세우고자 했다(Rawls, 1985). 롤스에 따르면 공정성은 사회적 계약과 사회 구성원들의 자율적인 의사에 따른 합의consensus의 산물이 되는 것이며, 이는 결국 공정성이란 것이 일률적인 평등과는 다르다는 사실을 말하고 있다.

그러나 공정성이 일률적 평등은 아니며, 합리적인 불평등을 인정할 수 있다 하더라도 사회적 공정성에 대한 구성원들의 부정적 인식은 사회 갈등을 심화시키고 공동체 질서를 붕괴시키는 심각한 부작용을 초래한다. 특히 정치적·경제적 불공정성[6]에 대한 사회 구성원들의 불만이 심화될 경우 일체의 기존 질서를 파괴하는 폭력적 변혁 운동으로 이어질 수 있다는 점에서 공적 제도의 관리자들은 공정한 경쟁 질서의 유지에 각별히 유의해야 한다(이종수, 2012: 71). 바로 이러한 점 때문에 대통령의 국정운영 활동뿐만 아니라 전체적인 정부 활동으로서의 행정까지를 포괄하는 정부의 공정성이 중요하게 논의될 수 있는 것이다.

공정성이 다의적 의미를 갖고 있는 것처럼 정부의 공정성도 공공성이나 형평성 등과 혼용되어 사용되기도 한다(김세훈·서순복, 2012). 행정학 연구자들은 정부의 공정성을 별도로 정의하지 않고 배분적 정의 개념을 그대로 따르는 경우도 있고(성시영·정용덕, 2012), 배분적

---

[6] 정치적 공정성은 권력의 분배, 경제적 공정성은 부의 분배를 의미한다. 특히 경제적 공정성에 대해서 시장주의자들은 자유시장 메커니즘에 의한 분배가 가장 공정하다고 보고 있으며, 그 반대편에서는 경제적 가치의 좀 더 평등한 분배를 위해 정부가 더 적극적인 재분배 정책을 펴야 한다고 주장한다(이종수, 2012).

정의와 사회 정의의 관점까지 포함된 것으로 보기도 한다(이종수, 2012). 또 평등의 관점에서 접근하는 경우도 있다(권혁주, 2007; 안병영·정무권, 2007).

이처럼 정부의 공정성을 별개로 다루지 않는 것은 초기 미국의 행정학에서도 마찬가지였으며, 공정성은 행정의 다른 가치들에 비해 크게 주목받지 못했다. 미국의 행정학자 프레데릭슨(Frederickson, 1997)에 따르면 미국에서도 20세기 행정의 주된 가치는 능률성과 경제성이었고, 행정의 주요 가치로서 공정성은 시민의 요구에 부응하는 과정에서 등장한 것이라고 한다. 즉 정부의 공정성은 20세기 들어 국가의 역할이 확대되고, 정책이라는 이름으로 사회 부문에 적극적으로 개입하기 시작하면서 중요한 가치로 인식된 것이다. 국가의 행위는 필연적으로 사회 구성원들 간에 서로 다른 편익과 비용을 가져다준다.

이 때문에 공정성의 문제가 발생하고 공공 갈등이 야기되어 정책에 대한 국민의 자발적 순응(즉 정당성) 정도에도 차이가 발생할 수 있다(김세원 외, 2011: 170). 특히 행정에서 공정성은 정권을 잡은 특정 정부의 가치가 그대로 반영될 수밖에 없기 때문에 그러한 가치에 동의하지 못하는 집단으로서는 언제나 공정성이 문제가 될 수밖에 없는 특성이 있다(김세훈·서순복, 2012).

정부에서는 2개의 공정성이 충돌한다

일반적으로 공정 사회를 위한 정부의 역할로는 자원 배분의 출발선, 과정, 결과 3차원의 공정성이 논의되고 있다(이영, 2011). 이를 위해 자원 배분의 출발선에서는 교육 기회의 형평성 보장, 자본시장 접근성 제고 등이, 과정에서는 공정하고 엄격한 법 적용을 의미하는 법치주의가, 결과에서는 복지제도, 누진적 조세, 시장 실패 보정 등이 공정성 확보를 위한 정부의 역할로 볼 수 있다. 이는 다시, 정부가 정책 등을 통해 적극적으로 개입함으로써 구현되는 공정성과 엄격한 규정의 준수를 통해 확보할 수 있는 공정성으로 나눌 수 있다.

사실 이러한 내용은 고대 철학자 플라톤과 아리스토텔레스의 생각을 반영한 것이다. 일반적으로 정부를 운영하는 행정가들이 공적 결정을 내리는 형태는 2가지가 있다. 하나는 재량을 인정하지 않고 중립적인 입장에서 법을 적용하는 것이다. 다른 하나는 행정가에게 재량을 인정해 공적 결정을 내릴 때 자신의 주관적 가치에 따라 법을 해석하도록 허용하는 것이다. 그리고 이때 사회적 형평성에 대한 고려를 하지 않는다면 그것이 곧 불공정한 결과를 가져오게 된다. 플라톤적 생각이 전자의 입장을 따른다면, 아리스토텔레스적 생각은 후자를 따르는 것으로 볼 수 있다(Frederickson, 1997).

결국 정부에서의 공정성은 규정을 준수함으로써 확보할 수 있는 공정성과 재량권이 인정되는 영역에서의 공정성으로 나눌 수 있으며, 이 때문에 정부에서 공정성을 말할 때는 개념적인 혼란이 발생하게 된다.

정부의 공정성은 공정한 절차를 통해 실현된다

법과 규정을 준수하는 것은 정부의 기본 가치라 할 수 있다. 이는 일찍이 관료제의 원리를 주장한 베버(Max Weber)도 강조한 것이다. 베버는 "관료들의 직무수행은 법규나 행정 규정에 의해 배분된 의무를 규칙적이고 계속적으로 처리"하는 것이며, "비교적 면밀하고 엄격한, 그리고 습득 가능한 일반 법규에 따른다"고 강조한다(Weber, 1968: 956~958). 그리고 관료가 맡을 업무, 권력, 필요한 강제 수단과 그 조건들이 법률에 명확히 명시되며 복종의 의무도 그 한계 영역 내에서만 존재한다고 분석하고 있다(Weber, 1968: 212~271).

이러한 법률과 규칙들은 모든 업무의 통일성을 확보함으로써 업무 간의 조정을 촉진하며, 조직 구성원들의 책임과 이들 간의 관계를 규정하는 기능을 수행한다(김호섭, 1991). 이러한 법률과 규칙을 바탕으로 관료제 내의 모든 직위는 계층을 이루며, 상급자는 명령하고 하급자는 복종하는 상명하복의 질서가 확립된다. 즉 조직 내의 직무들이 수직적으로 계층화되고 그들 간의 통제 권한이 구체화된다. 그리고 이에 따라 상급자는 명확하게 정해진 규정에 의해 하급자의 결정을 관할하고 감독하는 계층적 구조가 형성된다(Weber, 1968 : 956~958).

이처럼 기본적으로 근대 관료제는 합법적인 법의 지배에 기초하고 있으며, 관료는 반드시 공식적인 규정에 근거한 행위만 허용된다. 관료는 사적인 이해관계에서 벗어난 비사인주의impersonal적 입장에서 업무를 처리하도록 하고 있는데, 이는 관료 개인의 특성이나 선호가 업무에 영향을 주지 않도록 하기 위한 것이다. 또 관료의 권한은 사람이 아니라 그 직위에 부여되며, 관료는 직위를 갖게 되면 그 직위에 허용된 권한만을 행사하게 된다(Weber, 1924).

이는 매우 중요한 의미를 갖는다. 직위가 사적인 소유물이 되지 않도록 함으로써 권한의 임의적인 행사나 남용을 최소화하는 것이며, 결과적으로 이를 통해 규정을 준수하는 것만으로도 정부의 공정성을 확보할 수 있게 되는 것이다. 이러한 의미에서의 정부의 공정성은 국민들에게는 정부의 정직성, 투명성, 공무원들의 청렴성 등으로 인식되기도 했다.

행정에 관료의 임의성을 배제한다는 사실은 행정성의 공정성을 담보하는 아주 중요한 가치다. 그리고 이것은 롤스가 절차적 공정성 확보를 위해 부당하거나 편파적이고 편향적으로 작용할 요인들을 배제함으로써 당사자들을 모두 공정하게 대우하는 전제들을 구성해야 한다고 말한 것과 관련이 깊다(Rawls, 1971). 다시 말해, 규정 준수로서의 공정성은 행정의 절차적 공정성을 의미하는 것이다.

정부와 관료의 임의적인 권한 행사를 제한함으로써 공정성을 확보해야 한다는 시각은 꾸준히 유지되어왔으며, 이는 정부의 재량권 확대에 대한 우려로도 나타났다. 미국의 로위(Lowi, 1969) 같은 학자는 이익 집단과 연계된 행정부에 광범위한 재량권이 부여됨으로 인해 공익이 침해되고 법의 지배 원칙이 손상됐다고 주장했다. 따라서 그는 행정부의 재량권이 법의 지배 원칙에 의해 제한되어야 한다고 보았으며, 이를 위해서는 대법원이 헌법에 부합되지 않는 광범위하고 모호한 행정부의 재량권을 통제해야 한다고 주장하기도 했다.

행정의 재량 영역에는 필연적으로 공정성이 요구된다

일찍이 아리스토텔레스는 행정가는 2가지 이유로 인해 결코 법을 중립적으로 적용할 수 없다고 했다. 첫째는 법적 정의가 형평성을 요구하는 경우에는 중립적일 수 없으며, 형평성을 성문법에 엄격하게 적용하는 것은 분명히 불공정한 일이란 것이다. 둘째는 많은 경우 법이 요구하는 세부사항은 어느 하나로 해석할 수 있을 만큼 분명하지 않다는 것이다.

따라서 공무원들은 법의 모호성으로 인해 법을 그대로 따르기보다는 늘 법을 해석해야만 하는 것이다(Frederickson, 1997 : 100~101). 이 때문에 정부 행정에는 재량의 영역이 필연적으로 존재하게 된다.

산업 사회 초기에 공정성의 의미로서 기회균등은 최소 정부와 동일시됐다. 작은 정부와 공정한 법만 있으면 기회균등은 자연스럽게 달성될 수 있을 것으로 여겨졌다. 그러나 산업화가 심화되고 그로 인한 사회적 약자에 대한 보호 문제 등이 대두되면서 더 이상 기회균등은 최소 정부와 동일시될 수 없게 됐다. 정부의 적극적 개입은 기회균등의 이상을 실현하기 위해 본질적이라는 신념이 광범위하게 형성된 것이다(박종민, 2005 : 174).

사회적 불평등에 대한 인식이 불평등의 원천이나 발생 과정에 모아지면서 재분배 정책이나 복지 정책 설계에도 중요한 영향을 미치게 됐다(김세원 외, 2011). 환경의 차이로 인한 개인들 간의 경제적 성취의 차이를 보정해주기 위한 정부의 정책으로 균등한 교육 기회를 보장하는 교육 정책, 조세 정책, 정부의 각종 이전 지출 등이 추진됐다. 이러한 것들은 결과론적 관점에서 공정성을 확보하고자 하는 정부의 활동인 것이다.

정부의 개입과 판단이 필연적이기 때문에 국민들에게 있어 재량 영역에서의 공정성이란 자신들이 부담하는 의무와 책임, 세금 등에 비해 공정한 대우를 받고 있는가로 인식될 수 있다. 또 정부가 얼마나 사회를 이롭게 하는지, 그리고 정책 사안에 따라 얼마나 전문적인 판단을 내릴 수 있는가 하는 정부의 역량과 능력 등으로 인식될 수도 있다.

오늘날에는 정부의 재량적 활동을 부정할 수 없기 때문에 어떻게 하면 정부의 재량권에서 공정성을 확보할 것인가의 문제는 늘 논란 거리가 되고 있다. 이에 대해 시민 참여를 통한 절차적 공정성을 높임으로써 이 문제를 해결하는 것이 하나의 대안으로 논의되기도 했다(Frederickson, 1997). 이러한 관점에서 등장한 것이 1970년대 신행정론New Public Administration이며, 이런 시각에서는 행정 참여에 대한 국민들의 인식이 정부의 공정성을 살펴볼 수 있는 중요한 기준이 됐다. 신행정론자들은 미국의 관료제가 비민주적인 효율성에 집착함으로써 사회의 소외된 소수자들에 대해 무관심했다고 지적하며, 이를 해결하기 위해서는 행정가가 적극적으로 사회적 형평을 실현할 것을 주장했다(Marini, 1971).

절차적 공정성과 결과적 공정성 간의 딜레마

지금까지의 내용을 요약하면, 정부의 공정성 개념은 2가지 차원을 가진다. 하나는 절차론적 공정성의 연장선에서 행정에 객관적 규정을 적용함으로써 확보되는 공정성이다. 다른 하나는 결과론적 관점에서 분배적 정의를 실현하고 사회적 불공정성을 적극적으로 시정할 수 있는 정부의 재량 영역에 요구되는 공정성이다. 이를 통해 정부는 모든 사회 구성원에게 공평한 기회를 제공하고, 불가피하게 발생하는 사회적 불공정성을 시정함으로써 공정성으로서의 정의를 실현할 수 있게 된다.

문제는 양자 간에 상호 충돌이 빈번하게 일어나며, 이로 인해 정부의 공정성 개념에 혼란이 발생한다는 점이다. 이러한 충돌은 2가지 유형으로 나타나게 되는데, 절차적 공정성은 확보되었으나 결과적 공정성이 충족되지 않는 경우와 결과적 공정성 확보를 위해 재량영역을 확대함으로써 절차적 공정성이 위협받는 경우가 그것이다.

1) 절차적 공정성은 확보되었으나 결과적 공정성이 희생되는 사례

앞서 소개한 자녀의 부양의무제 규정에 의해 기초수급권 제외 대상이 된 어느 노인의 자살 사건을 다시 한 번 생각해보자. 이 사건에서 해당 기관이 내린 결정은 규정 준수라는 측면에서 볼 때 공정성에 어긋나지 않는다. 그러나 많은 국민들은 해당 기관이 사회적 형평성을 무시한 결정을 내렸다며 해당 기관을 비난했다. 비록 규정을 준수한다 하더라도 개인의 사정을 전혀 고려하지 않는 기계적인 집행은 문제가 있으며, 최소한의 검토 과정은 마련됐어야 한다는 것이다.

국민들은 사회적 약자와 관련된 행정기관의 결정에 대해 단순한 규정 적용을 넘어서, 일종의 재량적 행위로 보고 있으며, 이를 공정성의 문제로 이해하는 것이다. 사례를 하나 더 살펴보자.

'국가 장학금'의 문제점… 빚 많아도 알바 소득 있으면 혜택 못 받아
대학생들의 거센 '반값 등록금' 요구에 지난해 정부와 여당이 해법으로 내놓은 것이 현재의 국가 장학금 제도다. 정부·여당은 등록금 자체를 낮추는 대신 장학금을 통해 학생들의 부담을 줄이는 데 초점을 맞췄다. 국가

장학금은 크게 2가지다. 1유형은 소득 3분위(전체 10분위) 이하의 저소득층에 지급한다. 2유형은 소득 7분위 이하에게 주는 장학금으로 대학의 자구 노력에 따라 정부 예산을 차등 지원한다. 정부는 이를 위해 연간 3,300억여 원 수준이던 기존 저소득층 장학금을 확충해 올해 국가 장학금 예산을 1조 7,500억 원으로 늘렸다.

그러나 시행 과정에서 여러 문제들이 드러나고 있다. 까다로운 조건 때문에 신청자 가운데 장학금을 받는 학생은 절반에 불과하다. 또 성적 제한 때문에 장학금이 꼭 필요한 저소득층 학생이 아르바이트를 하느라 장학금을 못 받는 악순환이 되풀이되고 있다. 국가 장학금을 받기 위해서는 여러 가지 조건을 만족시켜야 한다. 성적이 B학점 이상이어야 하고, 소득은 3분위 또는 7분위 이해야 한다. 또 8학기를 초과하면 신청할 수 없다. 이 때문에 장학금이 필요한데도 못 받는 학생들이 많다. 민주통합당 유은혜 의원이 교육과학기술부에서 제출받은 자료를 보면 신청자 150만 9,000명 가운데 장학금을 받은 학생은 83만 5,000명이다. 지급률은 55.3%다. 그러나 중도에 신청을 취소한 학생과 서류를 내지 않은 학생을 포함하면 장학금 지급률은 50.6%로 떨어진다. 장학금이 필요한 학생 중 받는 사람은 절반에 불과한 셈이다. (중략)

소득 분위 산정에도 문제점이 나타나고 있다. 소득 분위는 건강보험료 부과체계에 따른 환산 소득을 기준으로 가족의 소득과 부동산, 전·월세 보증금, 자동차 등 재산 정보를 토대로 산정한다. 이 과정에 실제 소득보다 부채가 많은데도 현재 기준으로는 소득 분위가 높은 것으로 산정돼 장학금을 받지 못하는 학생들이 적지 않다. 또 학생 본인의 아르바이트 소득을 계산할 때 같은 돈을 받아도 건강보험료가 공개되는 아르바이트를 하는 학생들만 소득에 포함돼 장학금 수혜에 불리해지는 문제도 있다.

– 출처 : 〈경향신문〉, 2012. 8. 13.

최근 대학생들의 등록금 부담을 완화하기 위해 정부에서 마련한 국가 장학금 제도 역시 절차적 공정성의 문제와 결과적 공정성의 문제가 충돌하고 있다. 정부의 입장에서는 한정된 자원을 활용해 최대한 많은 이들에게 혜택이 돌아가도록 하는 것이 바람직할 것이다. 이를 위해서는 장학금의 부당 지급을 막고, 수혜자의 도덕적 해이를 방지할 수 있는 규정 등이 필요하다. 국가 장학금 제도는 부당 지급을 막기 위해 소득 분위 기준에 따라 수혜 여부를 정하도록 하고 있으며, 수혜자의 도덕적 해이를 방지하기 위해 성적 기준 역시 부과하고 있다.

주관적 판단이 아닌 객관적 기준에 따라 수혜 여부를 결정하도록 한 정부의 조치는 절차적 공정성의 관점에서는 납득할 수 있는 것이다. 그러나 이러한 규정에 의해 나타난 결과가 제도의 본래 목적, 즉 학생들의 등록금 부담 완화라는 관점에서 볼 때 결과적 공정성을 충족하는지 여부는 의문이 아닐 수 없다. 특히 위 기사에 소개된 것처럼 소득보다 부채가 많은데도 현재 기준으로는 소득 분위가 높은 것으로 산정돼 장학금을 받지 못하거나 아르바이트 소득으로 인해 장학금 수혜가 제한되는 학생들의 경우 과연 장학금 산정 절차가 공정하기 때문에 국가 장학금 제도 역시 공정한 제도라고 말할 수 있을까? 그러한 학생들이 이 제도를 공정한 제도라고 받아들일 수 있을까? 이처럼 관련 규정의 충실한 적용을 통해 달성될 수 있는 절차적 공정성을 구현하는 것만으로는 정부의 공정성을 달성하는 데 한계가 있다.

그렇다면 만일 복지 혜택 수급자를 결정할 때 정부기관이 일정한 규정을 일관되게 적용하지 않고 사안에 따라 공정성을 고려하면서 각기 다른 결정을 내릴 수 있는 재량권을 부여한다면 정부의 공정성이 실현될 수 있을까? 만일 그러한 과정을 통해 동일한 조건에 놓인 사람들일지라도 정부기관의 개별적 판단에 따라 어떤 경우에는 수급권을 인정받고, 어떤 경우에는 인정받지 못한다면 국민들이 이를 공정한 정부 활동의 결과라고 수용할 수 있을 것인가? 정부가 공정성을 달성하기 어려운 이유는 바로 이러한 질문들에 쉽게 답할 수 없기 때문이다. 숙명적으로, 끊임없이 양자를 오가며 사안에 따라 판단 내릴 수밖에 없는 것이다.

2) 재량 영역의 확대가 절차적 공정성을 위협하는 사례

우리는 정부가 공정성을 달성하기 위해서는 절차적 공정성뿐만 아니라 결과적 공정성도 필요하다는 사실을 알게 됐다. 그런데 이미 언급했지만 결과적 공정성을 달성하기 위해서는 단순한 규정의 준수를 넘어 정부의 적극적인 개입과 판단이 필요한 경우가 많다. 이는 결국 정부의 재량권 확대로 나타나게 되며, 특히 사회적 불평등을 야기하는 장애물을 제거하고 기회균등의 실현이라는 측면에서 정당화됐다. 그러나 그 과정에서 늘 논란이 되는 것은 절차적 공정성에 대한 우려이며, 이는 결국 정부의 공정성에 대해 판단하기 어렵다는 결

론으로 이어진다. 아래의 사례를 보자.

신규 5급 공무원 절반, 민간 전문가 특채

2015년까지 5급 신규 공무원의 절반이 필기시험을 치르지 않는 민간 전문가로 채워진다. 권위적이라는 지적을 받아온 '행정고시'라는 명칭도 사라진다. 행정안전부는 12일 다양한 분야에서 전문성을 쌓은 사람이 고위 공무원에 진출할 수 있도록 1961년부터 50년간 지속해온 공무원 채용 방식을 개선하는 '공무원 채용 제도 선진화 방안'을 마련했다고 밝혔다. 선진화 방안에 따르면 내년부터 서류 전형과 면접만으로 외부 전문가를 5급 공무원으로 선발하는 '5급 전문가 채용 시험'을 도입한다. 우선 5급 선발 정원의 30%를 뽑고, 선발 비율을 단계적으로 확대해 2015년부터 5급 신규 공무원의 절반을 기존의 필기시험으로, 나머지 절반은 외부 전문가로 선발한다.

민간 전문가는 각종 자격증이나 전문 분야에서 경력을 쌓은 사람이면 누구나 지원할 수 있다. 외부 전문가로 선발된 인원은 필기시험 선발자와 동일한 일반직으로 근무한다. '행정고시'라는 명칭도 내년부터 7, 9급과 마찬가지로 '5급 공채 시험'으로 바뀐다. 필기시험 내용은 큰 차이가 없지만 다양한 면접 기법이 도입되고, 면접관 풀Pool도 확대되는 등 면접의 중요성이 높아진다. 면접 탈락자는 이듬해 1, 2차 시험을 면제해주는 방안이 검토되고 있다. 7급 공무원 채용도 단계적으로 축소되고 대신 지역 인재 추천 채용이 확대된다. 대학의 추천과 1년간의 수습 근무를 통해 7급 공무원을 선발하는 지역 인재 추천 채용 인원이 지난해 50명, 올해 60명에서 2012년에는 100명으로 늘어난다. 9급 공무원 공채 방식은 당분간 현 체제를 유지한다. 행안부는 공청회 등을 통해 각계 의견을 수렴한 뒤 올해 연말까지 관련 법령 개정 작업을 완료할 예정이다.

– 출처 : 〈한국일보〉, 2010. 8. 12.

정부도 기업처럼 비용을 들여 인력을 고용하며, 따라서 조직에 적합한 사람을 선발하는 것은 당연한 일이다. 정부와 기업은 분명 다르지만 적어도 고용을 하는 입장에서는 정부나 기업도 마찬가지다. 세상은 급변하고 있으며, 이에 따라 정부의 업무도 과거와는 비교할 수 없을 정도로 다양한 분야에서 전문적 지식을 필요로 하고 있다. 따라서 공무원도 과거와는 다른, 그리고 필기시험만으로는 측정할 수 없는 전문성과 능력이 요구된다. 이미 민간 기업에서는 과거의 필기시험을 통한 채용 방식을 버리고 다양한 형태의 채용 방식을 도입해 적합한 인력 선발에 힘쓰고 있다.

우리와 유사하게 공직의 계급제적 전통을 갖고 있던 일본이나 독일도 이러한 변화에 발맞추고 있다. 일본은 인재 공급원의 다양화를 추구하고 있으며, 정책 과제 토의 시험 등과 같은 새로운 형태의 채용 시험을 도입했다. 독일도 각 부처의 실정에 맞게 모집 기준을 다양화하거나 시험 방식을 달리 적용하는 등의 노력을 기울이고 있다(한국행정연구원, 2012). 우리나라에서도 많은 전문가들이 필기시험 중심의 공무원 채용 제도의 문제점을 지적해왔고 그에 따라 그간 일부 시행되던 공무원 특채 제도를 확대해 채용 제도 선진화 방안이 마련된 것이다.

필기시험 중심의 채용으로 인해 민간 전문 인력들이 공직에 진입하기 어려웠고, 결과적으로 정부 행정의 전문성이 떨어진다는 비판이 지속적으로 제기됐기 때문에 공무원 채용 제도 선진화 방안은 그 정당성이 인정될 수 있었다. 대학 이상의 고등교육을 마치고 정부에서 충분히 업무를 소화할 수 있는 전문적 지식과 자질을 갖추었음에도 불구하고 상당한 시간과 노력이 소요되는 별도의 시험을 통과해야만 하는 기존 공무원 채용 제도는 오늘날에는 불합리한 측면이 분명 존재한다. 한정된 교과목의 시험 성적순으로 선발하는 공무원 채용 제도는 전문 인력의 공직 진출을 가로막는 불공정한 제도로 볼 수도 있다.

따라서 공무원 특채를 확대한다는 것은 정부의 경직된 인력 채용 절차에서 벗어나 각 부처가 업무에 적합한 인력을 선발할 수 있도록 부처 인사와 관련 재량권을 확대한다는 의미가 있다. 그렇다면 이런 문제를 해결하기 위해 마련한 공무원 채용 제도 선진화 방안은 왜 제대로 시행되지 못한 것일까? 이 역시 결국 정부의 공정성에 대한 가치관이 충돌하는 데서 그 해답을 찾아야 한다.

위 사례에서 소개한 공무원 채용 선진화 방안이 나오자마자 여러 비판과 우려의 목소리가 있었다. 대체적인 내용은 필기시험을 폐지하게 되면 학연과 혈연 등의 요소가 개입함으로써 현대판 '음서제'가 되어 선발 과정에서 공정성이 떨어질 것이며, 이로 인해 사회 경제적으로 불리한 위치에 있는 사람들의 공직 진출을 가로막을 수 있다는 것이었다. 이러한 공무원 특채 논란은 행정의 절차적 공정성 문제를 생각하게 하는 대표적인 사례로 볼 수 있다.

정부가 발표한 공무원 채용 제도 선진화 방안이 백지화된 것은 때마침 터진 외교부 장관 자녀의 공직 특채 비리 의혹으로 인한 영향이 컸다.7 공교롭게도 이 사건은 공무원 채용이라는 과정에 특채를 인정하는 경우 인맥, 학맥 등에 의해 영향을 받게 될 임의적인 의사결정 가능성을 완전히 배제할 수 없을 것이라는 일반인들의 우려를 확인시켜주는 계기가 됐다.

앞에서 설명했던 것처럼 철학자 롤스는 정의가 실현되기 위해서는 개인들의 타고난 천부적 재능과 사회적 지위 같은 도덕적 관점에서 볼 때 정당한 근거가 없는 태생적 행운을 가릴 수 있는 '무지의 베일veil of ignorance'이 확보돼야 한다고 주장했다. 무지의 베일은 '운을 중립화neutralizing luck'하며, 여기서부터 정의가 출발한다. 이런 관점에서 보면 공무원 채용 제도 선진화 방안과 외교부 공직 특채 비리 사건은 우리 사회가 아직 공정성의 조건을 갖추지 못한 것은 아닌지 생각해보게 한다.

필기시험은 많은 문제점에도 불구하고 성적이라는 무지의 베일을 통해 공정성을 확보하는 데 가장 유리한 제도임에는 분명하다. 이는 다시 말해, 기존의 필기시험에 필적할 수 있을 정도로 공정성

---

7 외교통상부는 2010년 8월 31일 FTA 통상 전문 계약직 특별 채용 시험 결과를 발표했는데, 최종 합격자는 당시 외교부 장관의 딸이었다. 합격자가 현직 장관의 딸인 데다 이 채용이 서류전형과 면접만을 거친 시험이어서 인사 특혜 여부와 공정성을 놓고 의문이 제기됐다. 특히 이 직위의 1차 모집 서류전형에서는 적격자가 없다는 이유로 응시자 8명이 전원 탈락했는데, 유씨도 유효 기간이 지난 어학증명서를 제출하는 등 자격 요건을 갖추지 못해 탈락했다. 그런데 외교부는 2차 모집에서 응시자 6명 가운데 3명을 서류 심사로 통과시킨 뒤 면접을 거쳐 최종적으로 유씨를 선발했다. 그는 재응시 때 새로운 어학증명서를 제출했다(《동아일보》, 2010. 9. 3).

을 담보할 수 있는 제도적 전제와 이에 대한 사회 구성원의 합의가 없이는 정부의 공무원 특채 제도 확대는 쉽지 않을 것이라는 사실을 보여준다.

비단 공무원 채용에서만이 아니라 선발 경쟁이 벌어지는 곳에서는 늘 공정성 문제가 따라다니기 마련이다. 우리 사회의 예민한 문제인 대학 입시 제도에 대한 다음의 사례를 살펴보자.

고교 교사 10명 중 7명 "입학 사정관제 불공정"

고등학교 교사 10명 가운데 7명가량이 대학 입학 사정관들의 학생 선발 절차가 공정하지 않다고 생각하는 것으로 나타났다. 한국외국어대 김신영 교수(교육학)는 한국대학교육협의회가 26일 세종대에서 개최한 입학 사정관제 관련 세미나에서 '입학 사정관제 운영의 문제점 및 개선 방향'이라는 발제문을 통해 이 같은 내용의 설문조사 결과를 공개했다. 설문조사는 지난 2~3월 고교 교사 171명과 대학 관계자 458명을 대상으로 했다. 이에 따르면 '입학 사정관제 학생 선발 절차의 공정성에 대한 신뢰가 부족한가'라는 질문에 응답 교사의 71.4%인 122명은 '그렇다'(100명) 또는 '매우 그렇다'(22명)고 답했다. '그렇지 않다'라는 응답은 13명(7.6%)에 그쳤고, '전혀 그렇지 않다'라는 응답자는 1명도 없었다.

입학 사정관제 운영 주체인 대학들도 현행 입학 사정관제의 공정성에 의문을 표시했다. 대학 관계자의 44.8%(205명)가 이에 대한 부정적인 답변을 내놓은 것. 이는 학생들의 가능성과 잠재 능력을 정성적·종합적으로 평가, 선발한다는 입학 사정관제의 개념과 기준 등이 모호하기 때문으로 풀이된다. 아울러 일부 입시 업체가 계약이 끝난 입학 사정관들을 영입해 제출 서류 작성법을 자문하는 등 '입시 장사'를 하는 것도 반영된 것으로 보인다. 김 교수는 입학 사정관제의 공정성과 신뢰성 확보를 위해 ▲상당수가 비정규직인 입학 사정관의 신분 안정화 및 전문성 강화 ▲다수·다단계 평가 원칙 준수 ▲서류 검색·회피 제척(수험생과 특수관계에 있는 사정관 제외)·서류 종합 평가 시스템 구축 ▲전·현직 입학 사정관 부정행위에 대한 처벌 근거 마련 등을 제안했다. (중략)

– 출처 : 〈세계일보〉, 2011. 8. 26.

정부는 대학 입시의 다양성을 확보하고, 시험 성적 같은 계량적 요소 외에 학생들이 지닌 비계량적 요소를 반영하기 위해 학교장 추천 제도나 입학 사정관 제도를 도입했다. 이러한 제도들은 사교육의 혜택을 받지 못함으로써 입시 경쟁에서 자칫 소외될 수 있는 학생들에게 기회를 제공하고, 대학의 학생 선발에 있어 자율권을 확대해주는 의미가 있다. 이러한 제도의 목적은 교육에서 결과적 공정성을 달성하고자 함이다. 그러나 입학 사정관 제도에 대한 평가는 고교 교사와 대학 모두 부정적인 의견이 많다.

물론 이 제도가 2008년에 도입돼 아직 완전히 자리 잡지 못했다고 볼 수도 있겠지만 우리가 주목할 부분은 학생 선발 기준이 모호하다는 지적과 더불어, 제도 개선을 위한 제안이 평가 원칙 준수, 수험생과 특수 관계에 있는 사정관 제외, 부정행위에 대한 처벌 등과 같은 절차적 공정성을 확보하는 것들에 쏠려 있다는 사실이다.

다시 말해, 이 제도는 결과적 공정성 확보를 위해 절차적 공정성이 훼손돼 있다는 것을 보여준다. 잊을 만하면 나오는 학생부 조직 비리, 수험생의 자기소개서와 추천서 대필 문제, 거기다 최근에는 성폭행 가담 학생이 봉사 왕으로 포장되어 명문대학의 입학 사정관제 전형에 합격한 사례에서 드러난 것처럼 절차적 공정성에 심각한 문제가 있음을 알 수 있다.

입학 사정관 전형에서 시험 성적은 최소한으로 반영되고, 학생의 가능성, 잠재력 같은 입학 사정관의 주관적 판단이 합격을 좌우한다. 따라서 이 제도는 절차적 공정성이 대단히 높은 수준으로 확보되지 않으면 제도의 운영 자체가 불가능하다. 입학 사정관 전형을 둘러싸고 나오는 여러 잡음들은 앞서 공무원 채용 사례에서도 본 것처럼 우리의 교육 제도 역시 시험 성적이 아닌 다른 형태로는 절차적 공정성을 확보하는 것이 매우 취약하다는 사실을 말해준다.

원래 이 제도는 미국에서 시행되고 있는 것으로, 미국은 각 대학의 입학 사정관들이 학생의 입학 여부에 결정적인 영향을 미친다. 그럼에도 불구하고 미국에서는 이 제도에 대해 심각한 문제가 제기되지 않고 있다는 것은 미국 사회의 절차적 공정성이 높은 수준으로 유지되고 있음을 짐작하게 한다.

정부의 공정성을 개선하려면

이 글에서 살펴본 몇 가지 사실들은 정부의 공정성을 개선하는 데 있어 주요한 시사점을 제공한다.

첫째, 전반적으로 일반 시민들은 정부의 공정성에 대해 보통 이하의 부정적 평가를 내리고 있는 것으로 분석되고 있으나 이와 같은 부정적 평가 가운데서도 공정성에 대한 중요성에 대한 인식은 향상되고 있다. 이는 정부의 공정성 수준을 개선하는 데 있어 단순히 행정절차를 개선하는 것과 함께 전반적인 정부운영 및 정책기조를 점검하는 등 보다 폭넓은 접근이 필요하다는 점을 시사한다.

둘째, 일반 시민과 공무원 간의 정부의 공정성 수준에 대한 인식차가 큰 것으로 나타났다. 흥미로운 것은, 이를 통해 지금까지 살펴본 절차적 공정성과 결과적 공정성 개념 간의 충돌은 [표 2]와 함께 설명한 바 있는 정부의 공정성에 대한 시민과 공무원 간의 인식 차가 나타나는 여러 원인 중 하나가 아닐까 추론할 수 있다는 것이다. 즉 행정의 2가지 공정성 개념을 통해 볼 때 일반 국민들이 정부의 공정성을 낮게 평가하는 이유는 행정의 재량 관점에서 공정성이 부족하다는 판단에 따른 것이라 생각해볼 수 있다.

반면 공무원들은 정부의 공정성을 규정 준수로서의 공정성 관점에서 보고 있으며, 규정에 따라 업무를 처리하고 있기 때문에 정부의 공정성이 확보되고 있다고 여기는 것으로 유추해볼 수 있다. 즉 행정의 2가지 공정성 개념으로 인해 일반 국민들과 공무원 간의 인식 차가 발생한다고 볼 수도 있는 것이다. 이는 두 집단 간 인식 차의 원인 분석과 함께 정부의 공정성 개선 과정에서 일반 시민들의 관점과 인식을 반영할 수 있는 방안 마련이 필요하다는 것을 시사한다. 또 오늘날 행정이 직면하고 있는 여러 딜레마적 상황에 대해 폭넓은 토론과 인식을 공유할 수 있는 장이 필요할 것이다.

셋째, 정부의 공정성 개념에서 절차주의적 관점과 결과주의적 관점 간의 충돌은 쉽게 해결되기 어려운 것으로 보인다. 각각의 관점이 서로 다른 철학적 기반에 입각해 정부의 공정성에 대한 주장과 정책적 처방을 제시하고 있기 때문이다. 이런 경우, 더 유연하고 선택적인 접근이 필요할 것이다. 예를 들면, 정책 영역이나 행정 대상자의 특성, 기관이 담당하는 업무의 특성 등에 따라 더 강조되어야 할 공정성의 유형을 선택하고, 그에 따라 행정 과정과 책임성 확보 기제들을 선택하고 조합해 적용하는 방안이 공정성을 둘러싼 이론적, 실제적 딜레마를 극복하는 데 기여할 수 있을 것으로 보인다.

또한 정부의 공정성에 대한 더 넓은 시각이 필요할 수도 있겠다. '절차적 공정성이 확보되었으니 공정성에 아무런 문제가 없다'라는 협소한 시각보다는 절차적 공정성은 정부가 추구해야 할 공정성의 최소한이라는 시각이 필요하다. 그럼에도 불구하고 결과적 공정성을 이루는 데 있어 절차적 공정성이 가장 중요한 조건 중 하나임도 고려돼야 할 것이다.

많은 국민들은 정부가 국민들을 위해 더 유익한 일들을 많이 하는 동시에 공정한 정부가 되기를 원한다. 그러나 지금까지 본 것처럼 명확한 답은 없다. 공정성 자체가 양면적인 속성을 지니고 있고 정부는 양측의 균형을 맞추기 위해 그때그때 노력할 뿐이다. 그러나 아무리 노력한다고 할지라도 앞의 사례에서 본 것처럼 정부의 공정성에는 불가피하게 사각지대가 발생하기 마련이다. 이러한 현상은 특히 복지 서비스와 관련해 더욱 두드러지게 나타나는데, 이런 문제를 해결하는 하나의 방안으로 논의되는 것이 '협력적 거버넌스Collaborative Governance'다.

우리도 그렇지만 서구 국가들 역시 복지 서비스는 대개 지방정부를 통해 국민들에게 전달되는데, 현실적으로 지방정부 단독으로 복지 서비스 전달의 모든 부분을 책임지기는 어렵다. 따라서 환경 변화에 맞춰 복지 전달 체계 역시 과거 같은 지방정부의 단독 수행이 아닌 새로운 제도적 형태로 발전해가고 있다(Martinson and Holcomb, 2002). 오늘날 많은 지방정부들은 다른 공공기관이나 비영리기관nonprofit, 혹은 민간기구들과 함께 복지 서비스를 전달하는 방법을 강구하고 있다. 이는 현재의 복지 서비스가 과거 지방정부가 관리하던 것보다 훨씬 더 어렵고, 이에 따라 이제는 지방정부와 다른 다양한 기관들 간의 협력관계를 통해 대응하는 것이 더 효과적이라고 판단하기 때문이다(Jennings and Ewalt, 2004). 서두에 소개한 거제도 할머니 사례의 경우에도 불가피하게 적용해야만 하는 수급 기준에 의해 복지 사각지대가 발생했다 하더라도 이러한 문제에 대응할 수 있는 지역 차원의 협력적 거버넌스 체제가 있었더라면 하는 아쉬움이 남는다.

이렇게 볼 때 공정한 정부는 결국 정부만의 문제가 아니다. 협력적 거버넌스를 통해 정부의 공정성을 보완하는 일도 결국에는 정부가 터를 잡고 있는 사회 자체의 공정성과 전반적인 신뢰 및 관용의 수준과 관련이 있기 때문이다. 공정한 정부는 공정성에 대한 사회 구성원의 사회적 합의와 그에 대한 신뢰, 그리고 때로는 약자에 대한 배려와 이들을 위한 규칙에 양보하고 승복하는 수준 높은 문화가 함께 발전해야 한다. 1960년대 미국에서 소수집단에 대한 차별을 시정하기 위해 실시된 소수집단 우대 정책affirmative action도 만일 이 정책을 지탱할 수 있는 사회적 여건이 성숙하지 못했다면 실행되지 못했을 것이다. 분명한 사실은 공정한 정부 그리고 좋은 정부를 갖기 위해서는 국민들의 이해와 노력이 함께 필요하다는 점이다.

| 2장 |

베이비부머 세대 vs 에코 세대, 갈등을 넘어 공감으로
한국 직장인들의 세대 간 공정성

김상욱 (성균관대학교 사회학과 교수)

미래 사회에서 평생 직장과 고용 보장은 존재하지 않으며 오로지 평생 직업 또는 평생 취업 개념만이 존재한다. 명문대 졸업-좋은 직장-정년은 구시대적 패러다임이다. 평생 직업-평생 고용의 시대를 헤쳐 나가야 하는 에코 세대가 날로 치열하게 전개되는 경쟁 사회에서 살아남기 위해서는 '준비된 철새'가 돼야 한다. 때에 따라서는 국경을 넘어서까지 언제든 떠날 준비가 돼 있어야 한다.

누가 내 인생을 이렇게
힘들게 만들었는가

김인홍은 커피 잔을 들고 창밖을 우두커니 바라보았다. 15층에서 바라보는 창밖의 도시 풍경은 일견 멋지고 질서정연했다. 직선으로 쭉 뻗은 8차선 도로와 그 위를 질주하는 자동차들, 우뚝우뚝 솟은 각양각색의 빌딩들은 발전하는 대한민국의 2012년 현재의 모습을 보여주는 듯했다. 인홍은 그 번화한 풍경을 물끄러미 바라보다가 커피 잔을 입으로 가져갔다. 그러나 이미 커피는 차갑게 식은 후였다. 문득 번화한 도시의 풍경과 식어버린 커피에서 인홍은 자신의 모습을 떠올렸다.

세상은 창밖의 풍경처럼 하루가 다르게 변하고 번성하고 있지만 정작 자신은 식어버린 커피가 된 기분이었다. 그나마 버릴 수 없다는 생각으로 한 모금 꿀꺽 마셨을 때 갑자기 뒤에서 차가운 목소리가 들려왔다.

"여봐, 김 대리. 자네 지금 뭐하나? 신선놀음하나?"

화들짝 놀란 인홍이 고개를 돌리자 그의 곁에는 매서운 눈으로 자신을 응시하는 박광성 부장이 서 있었다. 그는 화가 난 표정으로 서류철을 책상 위에 던지듯 올려놓고는 혀를 끌끌 찼다.

"도대체 요즘 젊은이들은 생각이 없어요. 근무 시간에 창밖 구경을 하지 않나. 일이나 잘하면 말을 않지."

인홍은 얼굴이 빨개져 재빨리 커피 잔을 내려놓고는 조심스레 물었다.

"무엇이 잘못되었습니까?"

"잘못되다마다. 자네가 올린 이 2/4분기 전략기획서 말야, 내가 미심쩍어서 반대했잖아. 그래도 혹시나 싶어 이사님에게 올렸더니 된통 혼만 났네. 자네 아이디어는 도대체 쓸모가 없어."

"어떤 항목이 잘못되었나요?"

"알 필요없어. 자네는 이 일에서 빠지게."

박 부장은 다시 한 번 얼굴을 찌푸리고는 큰 소리로 말했다.

"여보게, 김 과장 이리 오게."

이미 상황을 눈치챈 김훈석 과장이 만면에 미소를 지으면서 쪼르르 달려왔다.

"이 전략기획서 자네가 다시 손보게. 여기 하고, 여기 하고…… 이 부분은 대폭 수정하고, 이건 빼게."

"네, 잘 알겠습니다. 그렇지 않아도 저도 긴가민가했습니다. 모레까지 완성하겠습니다."

"믿을 사람은 자네밖에 없어."

"여부가 있겠습니까."

둘의 대화를 뻘쭘하게 듣던 김 대리는 얼굴이 더 빨개져 자신의 자리로 돌아왔다. 커피는 이제 완전히 냉커피가 돼버렸다.

5년, 김 대리가 이 회사에서 일한 햇수다. 길다면 길고 짧다면 짧은 시간이지만 돌이켜보면 즐겁고 보람 있었던 기억보다는 고달프고 힘겨운 기억이 더 많다. 역동적이고 긍정적인 마음은 1년이 지나지 않아 사라져버렸다. 처음 회사에 입사했을 때 김 대리는 희망에 부풀어 있었고 자신감이 충만했다. 그러나 이제는 일도 못하면서 신선놀음이나 하는 '개념 없는' 젊은이가 되고 말았다. 무엇이 그를 이렇게 만들었을까?

김 대리는 이제껏 남들보다 성공적인 인생을 살아왔다고 자부하지만 요사이 스트레스가 이만저만이 아니다. 무엇보다도 눈앞에 놓인 현실과 미래가 암울하기 그지없기 때문이다. 남들은 대학을 졸업하고도 취직을 못해 아우성인데, 그나마 괜찮은 직장에 경착륙한 김 대리는 왜 이다지도 힘겨워할까? 명확한 답을 도출할 수는 없으나 곰곰 생각해보면 여러 가지 원인이 나타난다.

이제 서른 중반을 향해 달리는 김 대리의 30년 여정은 그리 순탄하지만은 않았다. 형편이 괜찮은 가정에서 태어나 경제적 어려움은 별로 느끼지 않고 자랐지만 오늘 이 자리에 도달하기까지 어려서부터 쉼 없는 노력과 경쟁을 단계 단계마다 통과해야 했다. 유치원 시절과 초등학교 시절에는 (지금 생각해보면 그때 그걸 왜 했었나 싶었던) 음악·미술·영어·수학 과외, 그것도 모자라 태권도와 합기도까지

하루 온종일 학원, 학교, 집을 왕래했다. 눈을 뜨면서부터 시작된 이 순례 길은 잠자리에 들기까지 뱅글뱅글 맴돌았다. 혼자만의 시간을 갖고 재미있는 책을 읽는다거나, 친구들과 캠핑을 떠난다거나, 밤새워 컴퓨터 게임을 한다거나, 아이돌 가수의 콘서트에서 목청껏 소리를 지른다거나 한 적은 단 한 번도 없었다. 그저 12년 동안 학업에만 매몰된 시간이었다.

중학교에 들어가면서부터는 예체능은 아예 접어버리고 온통 학교 공부와 학원 교습에만 전력 질주했다. 잠자는 시간까지 사치가 돼버려 해 뜨는 시간에(해 지는 시간은 말할 것도 없고) 이미 학교 또는 학원의 한구석에서 책과 씨름을 했다. 이런 고생 덕분에 상위권 성적을 유지해 누구보다도 부모님을 기쁘게 했던 것이 위안이라면 유일한 위안이었다.

중학교가 실전 대비 훈련이었다면 고등학교는 말 그대로 전쟁터였다. 일류 대학에 들어가려면 상위 1~2%를 절대로 벗어나선 안 됐다. 하지만 결코 말처럼 쉬운 일이 아니어서 잠자는 시간을 더욱 줄이는 것은 물론 아예 '공부 기계'가 돼야 했다. 열심히 노력한 끝에 드디어 원하던 명문 대학에 합격했고, 합격 발표가 있던 날 뛸 듯이 좋아하시던 부모님의 얼굴이 지금도 선하다.

갓 20세가 되던 해 첫발을 디딘 대학 캠퍼스는 그야말로 '청춘의 3월'이었다. 가슴이 벅찼고 자긍심이 충만했으며 세상이 다 내 것 같았다. 그러나 그 행복했던 시간은 오래가지 못했다. 피 끓는 청춘 앞에 펼쳐진 길은 결코 탄탄대로가 아니었다. 고등학교-대학 진입은 대학-직장 진입에 비하면 아이들 장난 수준이었다. 남은 50년 인생이 이 시기에 달려 있었다. 여유롭고 행복한 삶을 위한 첫 번째 과제는 스펙 쌓기였다. 학교 공부는 기본이고 토익, 토플, 해외 연수, 인턴 등등 학기와 방학을 가리지 않고 무언가를 부단히 쌓고 또 쌓아야만 했다. 그런 '쌓기'의 일차적 지향점이 '좋은good' 또는 '괜찮은decent' 직장에 취직하는 것이었음은 두말할 나위가 없다.

글로벌 위기라는 단어는 늘 신문 지면을 장식했고 '백수 전성시대'라는 단어는 대학가를 넘어 온 사회를 휩쓸었다. 이러한 상황에서 나 홀로 청춘의 특권을 누릴 수는 없었다. 그저 아침부터 밤까지 공부를 해야 했고 간혹 친구들과 술이라도 마실라치면 조바심이 들곤 했다. 술자리에서 오가는 말도 처음에는 철학, 연애, 정치, 오락이었으나 결론은 언제나 하나로 모아졌다.

"그나저나 우리 학교 졸업하면 어떻게 하냐? 취업하기가 바늘구멍 통과하기보다 더 힘든데."

"방법이야 많지. 대학원에 진학해서 박사가 되거나, 유학을 떠나거나, 군대 가서 직업 장교가 되거나, 사업을 하거나…… 가장 쉬운 것은 백수가 되거나."

이 천하태평인 친구의 말처럼 방법은 참으로 많았다. 그러나 어느 것도 선택할 수 없었다. 인홍은 학교를 졸업한 후에는 번듯한 직장인이 되고 싶었다. 배움에 대한 갈망이 없는 것은 아니지만 대학원에 진학한다 해도 자신의 힘으로 하고 싶었다. 곰곰이 생각하다가 군대에 자원입대했다. 입대하던 날 친구들과 헤어지면서 그는 이렇게 말했다.

"2년 후에 제대하고 나오면 세상이 변해 있겠지."

그렇다. 그의 바람처럼 세상은 변해 있었다. 경쟁이 더욱 치열해진 것이다. 그의 예상과 완전히 다른 상황이었다. 이제는 오직 앞만 보고 달려야 했다. 그렇게 줄창 달리다가 4년 후 인홍은 대학을 졸업했다. 8년 만이었다. 8년은 그나마 나은 편이어서 한 통계(이명박 정부 5년 교육 정책평가보고서, 2012)에 따르면 한국 대학생들이 대학에 입학해 졸업하는 데까지 소요되는 평균 기간은 9년 3개월이었다. 이는 2008년에 5년 7개월이었던 것이 불과 4년여 만에 3년 8개월이 증가한 것이다. 대학 졸업 소요 기간이 점차 증가하는 것은 한국만의 문제는 아니어서 서구에서도 마찬가지 현상이 나타나고 있다.

대학 졸업에 이처럼 많은 시간이 소요되는 것은 무엇보다 천정부지로 치솟는 등록금과 취업난 등의 경제 상황에 주로 기인한다. 한국의 대학생들은 대학 담장 안에 있을 때는 물론이고 대학문을 나서는 순간에도 상당한 경제적 부담을 이미 떠안은 채 살아가야 하는 상황이다. 취업 포털 '잡코리아'가 2012년 2월 대학 졸업 예정자들을 대상으로 실시한 조사에 따르면 졸업 예정자들은 이미 평균 1,308만 원의 빚을 지고 있었는데, 이는 2007년에 비해 708만 원이나 늘어난 금액이다.

대학생들의 어깨가 이처럼 무거워지는 것도 다 그럴 만한 이유가 있다. 아르바이트 전문 포털 '알바천국'이 전국 대학생 2,180명을 대상으로 한 설문조사(2012년)에 따르면 대학생들 가운데 77%가 '취업 사교육'을 받는다고 응답했으며, 한 학생이 취업 사교육만을 위해 쓰는 돈은 월평균 32만 1,000원으로 집계됐다.

김 대리, 열공 끝에 드디어 날개를 달다

실로 장기간의 대학생활을 가까스로 마무리하고 이제 취업 전선에 본격적으로 뛰어든 홍인. 하루 종일 인터넷을 뒤지고, 이곳저곳을 분주하게 뛰어다니며 취업 정보를 탐색하고, 여러 곳의 지원서를 구해 빼곡히 정성스레 작성하고, 두근거리는 마음으로 통보를 기다리고, 커다란 거울 앞에서 면접 예행 연습을 하고, 떨리는 마음으로 면접을 치르고……. 그렇게 몇 달을 정신없이 보냈다. 이와 같은 취업 준비가 주는 심리적, 육체적 고단함은 경험하지 않은 사람은 실감하기 어렵다. 게다가 면접에 드는 모든 비용(새 옷, 교통비, 밥값 등등)은 모두 부모님의 호주머니에서 나왔기에 부모님께 죄송한 마음도 컸다.

"어머니, 조금만 기다리세요. 제가 취업하면 한꺼번에 다 갚을게요."

"갚지 않아도 좋으니 어서 빨리 취직이나 하려무나."

비록 부모님에게서 용돈을 타 쓰는 신세이긴 했지만 그의 부모님 입장에서 볼 때 그나마 홍인은 나은 편이었다. 주변에는 구직 단념자, 구직 포기자, 취업 무관심자가 들끓고 있었다. 또 10년 가까이 고시 공부에 매달리는 사람도 많았다. 그들에 비하면 홍인은 긍정적이고 부지런한 청년이었다. 그러나 '합격' 통보는 쉽사리 오지 않았다. 친구들이 서서히 백수를 탈출하고 몇몇은 벌써 해외 출장을 다니는 판국에 홍인은 이력서를 들고 이 회사 저 회사로 뛰어다니기 바빴다. 1년이 지나자 그 횟수마저 줄었고, 2년째 접어들자 더욱 줄었다. 그러나 홍인은 포기하지 않았다. 포기할 수 없었다. 그렇게 불굴의 의지(?)를 발휘한 어느 날 K그룹 계열사인 H사에서 통지서가 날아왔다.

"귀하의 합격을 알려드립니다."

정확히 2년 만이었다. 과연 청년 백수 2년은 짧은 기간일까, 긴 기간일까? 통계청의 조사(2011) 결과를 보면 4년제 대학을 졸업한 사람이 첫 취업에 성공하는 데 걸리는 기간은 평균 5년 2개월이다. 홍인이 입성한 H사는 흔히 말하는 신神의 직장은 아니어도 국내 유수 대기업이어서 샐러리맨들에게는 공기업과 더불어 이른바 '꿈의 직장'이라 불릴 정도는 됐다. 스스로 생각해도 대견했고, 가족, 친지, 친구 등 주위의 부러움을 한 몸에 받았다.

대졸자들의 취업난은 김 대리가 경쟁하던 2000년대 중반 이후 2012년까지 5년의 세월이 흐르는 동안 전혀 나아지지 않았고, 실업자가 누적되면서 상황은 오히려 더 악화됐다.

'바늘귀 취업난' 상반기 대졸 신입 입사 경쟁률 평균 65:1

- 20011년 경쟁률 55:1에 비해 상승, 최고 경쟁률은 2,000:1에 육박

2012년 상반기 국내 상장사의 대졸 신입사원 입사 경쟁률이 65:1을 기록한 것으로 나타나 2011년 상장사 입사 경쟁률인 55:1에 비해 상당히 높아졌다. 이는 유럽 재정위기 등 전 세계 경기 침체에 따른 불확실성 증가가 주요인으로 풀이되고 있다. 취업 포털 '인크루트'는 국내 상장사를 대상으로 2012년 상반기 대졸 신입 경쟁률을 조사한 결과 조사에 응한 269개 사가 총 8,022명을 모집하는데, 52만 905명이 지원해 평균 65:1의 경쟁률을 보인 것으로 집계됐다고 밝혔다.

업종별로는 물류 운수(262:1)가 가장 높은 경쟁률을 보였고 ▲제약(209:1) ▲식음료(189:1) ▲유통 무역(95:1) ▲자동차(86:1) ▲석유 화학(73:1) ▲제조(66:1) 등이 평균 경쟁률을 웃돌았다. 반면 ▲정보 통신(49:1) ▲금융(44:1) ▲건설(33:1) ▲전기 전자(32:1) ▲기계철강 중공업(27:1) ▲기타(20:1) 등은 상대적으로 경쟁률이 낮았다. 기업 규모별로는 ▲대기업이 71:1 ▲중견기업이 58:1 ▲중소기업이 40:1로 나타나 기업 규모가 클수록 경쟁률도 함께 상승하는 모습이었다.

– 출처 : 〈EBN 산업뉴스〉, 2012. 8. 7.

위의 자료를 보면 기계철강 중공업의 경쟁률이 27:1로 가장 낮다. 그렇다 한들 이 업종에 취업하기가 가장 쉽다는 의미는 절대 아니다. 냉정하게 말해, 이마저도 26명을 쓰러뜨려야 합격할 수 있는 만만찮은 경쟁률인 것이다. 중소기업에 취직하기 위해서는 39명을 이겨야만이 살아남는다. 천만다행으로 홍인은 이 극심한 경쟁을 뚫고 직장

인으로 안착을 한 것이다. 거기에 투자한 시간은 10년이었다. 대학 입학에서 졸업까지 8년(군 복무 2년 포함), 졸업 후 취업 준비에 2년을 더해 꼬박 10년을 쓴 것이다. 대학 재학 기간이 늘어나고 졸업 후 취직에 소요되는 기간도 자연스레 늘어나다 보면 나이 30세를 훌쩍 넘기기 다반사다. 예전 같았으면 능숙한 산업 전사로 펄펄 뛰고 있을 나이에 아직도 학비 조달해가며 힘겹게 학업에 매달리고 있거나, 장기학생으로 남아 있거나, 실업 예비군으로 서서히 전락해가는 모습은 금세기 한국 대학생들의 일그러진 자화상이다.

통계에 따르면 한국 대학생들 중 학자금 부담에 의한 신용불량자가 3만 3,000명을 넘으며, 청년 고용률은 23.1%로 OECD 평균인 39.5%보다 16.4%나 낮다. 너나 나나 모두 대학으로 몰려든다 해서 모두 취업에 성공하고 좋은 직장에 안착하는 것도 아니다. 그럼에도 왜 한국인들은 대학 진학에 그토록 목을 매는 것일까? 대학 교육이 취업만을 위한 '취업 사관학교'가 아닌 것은 당연하다. 여기에는 문文을 유난히 강조하고, 심지어는 문에 따라 사람의 능력은 물론 됨됨이와 성실성까지 재단하는 동양 고유의 사회 문화 전통이 한몫을 하고 있는 것은 아닐까?

만일 이러한 해석이 맞다면 우리 사회에서 대학 졸업장은 노동시장에 진입하기 위한 증명서인 것은 당연하고, 심지어는 결혼시장, 사교시장 등을 위시한 사회생활의 주요 관문 및 장場마다 필수적으로 요구하고 검증하려 드는 자격증이 된 지 오래다. 실제로도 대학을 졸업하지 않은 사람에게 노동시장은 제한되고 초라하기 그지없으니 어느 부모인들, 어느 학생인들 기를 쓰고 대학 문을 두드리지 않겠는가. OECD의 추산에 따르면 우리나라의 대학 진학률은 71%로 독일 36%, 일본 48%, 영국 57%, 미국 64%에 비해서도 압도적으로 높다.

김 대리가 30여 년을 살아오면서 잠 한 번 실컷 못 자보고 다들 간다는 그 흔한 해외여행 한 번 제대로 못 가보고, 재미난 소설책 한 번 못 읽어보고, 유유자적하는 시간 한 번 음미해보지 못하면서까지 노력하고 성취하고자 했던 것이 모두 고작 이 직장에 취직하기 위한 것이었나 하는 생각을 하면 만감이 교차한다. 씁쓸한 느낌, 착잡한 느낌, 야릇한 느낌, 한심한 느낌, 자랑스러운 느낌, 배부른 느낌 등 여러 이질적 감정들이 함께 뒤범벅이 되어 쓴웃음이 나올 지경이다.

하지만 그런 느낌과 자각도 잠시, 주위를 둘러보면 다른 사람들도 다 자기 시각으로 자기 인생을 설계해 살기보다는 타인의 시각으로, 타인의 인생을 살아가고 있다. 자신의 철학이나 배짱대로 살지 못하고 사회가 이미 세워놓은 기준을 따라 살아가고 있다. 홍인은 청소년 시절에 '훗날 회사원이 되겠어'라고 생각한 적은 한 번도 없었다. 우주비행사, 과학자, 예술가 중 하나가 될 생각이었다. 그런데 그 꿈은 이제 기억조차 나지 않는다. 불행 중 천만다행인 것은 비록 과학자는 되지 못했다 해도 백수가 되지는 않았다는 사실이다. 그 어려운 난관을 뚫고 대기업 사원이 되었으니 얼마나 기특한가!

이것이 2012년을 사는 에코 세대의 가감 없는 현실이다.

직장 생활 초년병, 만만찮은 현실의 벽

'세계를 석권하는 생활용품 일류 기업'이라는 슬로건답게 홍인의 회사 H사는 모든 것이 완벽하게 보였고 진취적이었다. 사원들은 모두 엘리트들이었고 업무 진행 절차도 합리적이었다. 누구든지 능력을 발휘한 만큼 보수를 받았으며 복지 수준도 높았다. 학연, 지연, 혈연은 존재하지 않았으며 존중과 배려 정신이 가득했다. 기업 문화는 가족적이었으며 기업 이미지도 좋았다.

이곳에서 홍인은 자신의 모든 것을 불태워 능력 있는 사원, 초고속은 아니지만 빠르게 승진하는 사원, 회사의 발전을 위해 헌신하는 사원이 되고자 했다. 내가 노력한 만큼 돈도 벌고, 사회적 성공도 이뤄내며, 단란하고 행복한 가정을 꾸려 오붓하게 살아가고, 임원으로 승진해 머리카락이 하얗게 세기 시작할 무렵에는 느긋하게 황혼을 누리는 행복을 꿈꾸며…….

그러나 이 환상이 깨지는 데는 채 1년이 걸리지 않았다. 눈앞의 현실은 그림과는 달라도 너무 달랐다. 내가 아무리 노력해도 원하는 만큼의 경제적·사회적 성취를 거둘 자신감이 사라진 데다, 결혼을 하고 가정을 꾸리는 일 자체가 버겁게 다가왔다. 회사에서 인정을 받기는커녕 일에 치이고 인간관계에 치였다. 황혼의 행복은커녕 노후에 과연 기본적인 의식주라도 해결할 수 있을까 의문이 들었다.

홍인의 환상을 깬 사람은 박광성 부장이었다. 직속 상관인 박 부장은 업무 시간에 그다지 말이 없었다. 홍인은 그 과묵한 성격을 좋아했다. 3개월이 되던 어느 날 저녁 회식 자리에서 박 부장은 술에 취해 입을 열었다.

"나하고 입사 동기가 모두 12명이었어. 그중 7명이 회사에 남아 있지. 7명 중에서 4명은 계열사 임원으로 가고 1명은 우리 회사 이사고 1명은 상무 자리를 꿰차고 있지. 그런데 난 부장이야. 내가 왜 부장인 줄 아나?"

"……."

"진급을 빨리 하면 그만큼 옷도 빨리 벗네. 그래서 나는 일부러 느긋하게 일을 하지. 두고보라지. 임원들은 파리 목숨이야. 내일이라도 아웃될 수 있어. 하지만 부장인 나는 앞으로도 5년은 더 버틸 수 있네. 가늘고 길게 가는 게 좋아. 있는 듯 없는 듯 사는 것이 좋다구."

홍인은 그때 박 부장의 실체를 파악했다. 그가 말이 없는 이유는 과묵해서가 아니라 일을 열심히 하지 않기 때문이었다. 그러나 아랫사람의 실수로 자신이 사소한 질책이라도 당하면 온 회사가 떠나가라고 야단을 쳤다. 어처구니없는 것은 아랫사람이 실수를 해도 그것을 경영진이 지적하지 않으면 아무렇지도 않게 넘어간다는 것이었다.

1년 쯤 지나자 홍인도 박 부장의 타깃이 됐다. 박 부장의 사고방식, 업무 지시, 일 처리 방식은 홍인과 궁합이 맞지 않았다. 홍인은 그로 인해 사사건건 스트레스를 받았다. 퇴근 시간이라는 개념이 이미 실종된 것은 물론이고, 허구한 날 야근과 주말 근무를 했다. 부단한 노력 끝에 대리로 갓 진급한 홍인도 예외는 아니었다. 오후 5시 무렵이 되면,

"김 대리, 이거 정리해서 내일 아침까지 내 책상 위에 올려놓게."

박 부장이 내미는 서류를 받아 펼쳐보면 분량은 3쪽에 불과하지만 그 내용은 적어도 5시간은 걸리는 일이었다. 어떤 항목은 미국과 일본 지사에 메일을 보내 확인을 해야 하는 것도 있었다.

"내일 아침까지는 어렵지 않을까요?"라고 조심스럽게 말하면,

"그걸 지금 말이라고 하나? 나 젊었을 때는 늘 밤새워 일을 했어. 그때는 컴퓨터도 없었고 심지어 계산기도 없었어. 주판으로 계산을 했다구. 주판 알아?"

그래서 어쩌란 말인가? 그럴 때마다 김 대리는 박 부장이 아예 인종이 다르거나 다른 별에서 온 외계인이 아닌가 하는 생각마저 들었다. 엄연한 직장 상사이기에 함부로 대들 수는 없었다. 김 대리가 유일하게 할 수 있는 일탈과 반항은 박 부장을 일부러 무시하거나 아니면 퇴근 후 마음에 맞는 동료들과 어울려 소주잔을 기울이며 그를 비난하면서 험담을 늘어놓는 것이 고작이었다.

어떻게 해서 입성한 직장인데 겨우 그만한 일로 스트레스를 받고 회사를 그만둘까도 생각하는 자신을 보노라면 화가 머리끝까지 치밀어 견딜 수 없었다. 사회생활-직장 생활에 힘겨워하는 자신이 안 그래도 썩 마땅치 않은데, 그를 더 화나게 하는 것은 자신과 박 부장과의 수입과 재산 차이다. 김 대리의 연봉은 이제 3,500만 원 내외다. 듣자 하니 박 부장의 연봉은 3배 가까운 1억 원이란다. 김 대리는 이제껏 이 회사에 들어오기 위해 올인하느라 결혼도 계속 미루고 입사 3년째가 되어서야 겨우 회사 주변에 허름한 원룸 전세를 구해 부모로부터 독립 선언을 했는데, 박 부장은 강남에 있는 중형 아파트에서 산다. 그는 간혹 이 사실을 자랑스레 떠벌린다.

"내가 열심히 고생해서 7년 전에 강남에 아파트를 샀는데, 그게 4억 원이 더 올랐지. 하하. 월급쟁이 백날 해봤자 소용없어."

그런 박 부장의 속물근성이 비호감이기는 하지만 한편으로 생각하면 내가 과연 앞으로 이 회사에서 부장까지 승진할 수 있을까 하는 의문이 들었다. 비록 박 부장처럼 중형 아파트는 아니더라도 소형 아파트라도 하나 장만할 수 있을지, 더 코앞에 닥친 일로는 결혼을 할 수나 있을지 솔직히 자신이 없고 미래가 보이지 않았다.

김 대리가 생각하는 암울한 미래의 원인을 구체적으로 하나하나 따져보기로 하자.

첫째, 승진과 고용의 문제다. 김 대리의 부서를 포함해 회사 내 다른 부서를 보더라도 부장은 고사하고 과장에도 못 올라간 상태에서 자의반 타의반으로 직장을 떠나는 경우가 비일비재하다. 통계(《연합

뉴스〉, 2012)에 따르면 첫 직장에 취업한 후 직장을 그만두거나 이직하는 데 걸리는 평균 연수는 4년이다. 또한 한국경영자총협회가 2012년 전국의 392개 기업을 대상으로 실시한 조사 결과를 보면 2011년에 입사한 대졸 신입사원의 1년 이내 퇴사율은 23.6%다. 이는 2010년의 15.7%에 비해 7.9%p 높아진 수치다. 채용 시험에 합격하고도 입사를 포기하는 입사 포기율도 7.6%나 된다. 전체 신입사원 합격자가 100명이라면 1년 뒤에 그 회사에 계속해서 다니는 사원은 70.6명에 불과하다는 이야기다. 1년 이내 '퇴사 러시'는 대기업(14%)보다 중소기업(48%)에서 훨씬 더 심각(3.4배)하다.

퇴사 이유에 있어서도 대기업과 중소기업의 차이가 크다. 대기업 사원은 '공무원 준비 및 대학원 진학(유학)', '조직 및 직무 적응 실패'가 가장 큰 비중을 차지하지만 중소기업 사원은 '급여 및 복리 후생에 대한 불만'이 가장 큰 비중을 차지한다. 심각한 청년 실업난 속에서 바늘구멍을 뚫고 어렵사리 진입한 신입사원들의 조기 퇴직률이 이처럼 급증하고 있는 것은 결코 녹록지 않은 노동시장 상황을 여실히 보여주는 징표다. 신입사원들의 조기 퇴사는 당사자는 물론이고 기업에도 많은 시간 및 비용 손실을 초래하는 사회 문제로 대두되고 있다. 대한상공회의소 조사에 따르면 기업이 신입사원 1명을 교육시키는 데 평균 39일이 걸리고 비용은 217만 원이 든다.

국제적 견지에서 볼 때도 국회 예산 정책처의 〈고령화가 근속 및 연공 임금 체계에 미치는 영향과 시사점〉 보고서에 따르면 2010년 기준 한국 근로자의 평균 근속 기간은 5년으로 OECD 국가 중에서 가장 낮아 주요국의 절반 수준에 그쳤다(프랑스 11.7년, 독일 11.2년, 네덜란드 10.6년). 근로자 가운데 1년 미만 초단기 근속자 비중에서도 한국은 37.1%로 일본(7.3%)의 5배였고, 덴마크(20.3%), 미국(19%) 등보다 크게 높다. 반면 10년 이상 장기 근속자 비중은 한국이 17.4%로 이탈리아(45.3%), 일본(44.5%), 프랑스(44.1%), 독일(42.7%)보다 크게 낮다.

다음은 OECD에서 발표한 '고용 안정성 지수'다([표 1] 참조). 이는 6개월 이하 단기 고용 근로자가 전체 근로자 중에서 차지하는 비율을 의미한다. 한국은 이 비율이 25.8%로 OECD 전체 평균인 10%를 2배 이상 뛰어넘었다. 즉 100명의 근로자 중에서 대략 26명이 6개월 이하 근로자라는 뜻으로 이직률이 그만큼 높다는 의미다. 1위를 기록한 네덜란드(5.18%)와 비교하면 4배 이상 차이가 난다. 일본은 이런 초단기 근무자가 1명 안팎이다. 최근 직장인들 사이에서 큰 인기를 얻고 있는 윤태호 작가의 〈미생未生〉이라는 연재만화에서 사용하는 표현에 따르면 한국의 샐러리맨들은 "드럼통 위의 널빤지에 서 있는" 존재인 셈이다.

둘째, 내 집 마련의 문제다. 아무리 작은 평수의 아파트라도 최소 수억 원은 호가하는데, 샐러리맨의 쥐꼬리만 한 월급에서 언제 그 돈을 장만하겠는가? 예컨대 서울 소재 24평형 아파트가 대략 3억 원이라면 김 대리의 연봉을 한 푼도 쓰지 않고 꼬박 10년을 모아야 구입이 가능하다. 한 푼도 쓰지 않는 것이 현실적으로 불가능하므로 아끼고 아끼어도 20~30년을 꾸준히 모아야 내 집을 손에 쥘 수 있다. 아무리 '엄친아' 또는 '알파걸'이라 할지라도 혼자 힘으로 내 집을 장만하는 일은 불가능에 가깝다. 현실적인 해법은 부모님 또는 배우자

표 1 | OECD 국가의 고용 안정성 지수

순 위	국 가	지 수
1	네덜란드	5.18
2	룩셈부르크	5.56
3	그리스	5.74
4	슬로바키아	6.14
5	체코	6.36
6	벨기에	6.46
7	이탈리아	6.55
8	슬로베니아	6.85
9	영국	6.89
10	아일랜드	7.13
11	포르투갈	7.35
12	노르웨이	7.72
12	헝가리	7.72
14	독일	7.79
15	스위스	8.30
16	오스트리아	8.80
17	프랑스	9.02
18	폴란드	9.07
19	에스토니아	9.63
20	러시아	10.23
20	뉴질랜드	10.23
20	일본	10.23
20	이스라엘	10.23
20	칠레	10.23
25	스페인	10.77
26	캐나다	11.26
27	미국	11.38
28	호주	11.70
29	덴마크	12.36
30	아이슬란드	12.73
31	스웨덴	13.17
32	핀란드	13.42
33	브라질	14.03
34	멕시코	18.02
35	터키	22.67
36	한국	25.80

- 출처 : OECD.

로부터 지원을 받는 것이다. 이런 상황에서는 막강한 재력으로 중무장한, 부모가 없는 일개 서생이 결혼을 앞두고 처가(또는 시댁)의 재력과 배경을 꼼꼼히 따지려 드는 것도 공감이 간다.

셋째, 결혼의 문제다. 당장 내 몸 하나 건사하기도 버거운데 무슨 재주로 결혼을 해서 식구들을 먹여살릴 수 있겠는가? 처갓집이 막강 재력을 자랑한다면야 또 몰라도……. 하지만 아쉽게도 김 대리의 여자친구 집안의 경제력도 그리 썩 좋은 편이 못 된다. 통계청 발표(2011)에 따르면 국내 초혼 연령은 남성이 32세, 여성이 29세로 30년 전에 비해 남성은 5.5세, 여성은 6.1세가 증가했다. 만혼 풍조가 고착화돼가는 데는 여러 이유들이 있으나 당사자들의 경제적 여유와 기회 부족이 무엇보다도 가장 큰 걸림돌이다.

결혼 연령이 늦어지는 이유, '경제적인 부담' 1위

결혼 연령이 늦어지는 이유에 대해 경제적인 부담이 1위를 차지했다. 온라인 리서치 전문 회사 '리서치패널코리아'가 운영하는 '패널나우'가 회원 3만 987명을 대상으로 '결혼 연령이 점점 늦어지는 이유는 무엇인가'를 묻는 설문조사에서 31%(9,504명)가 '결혼 비용, 주택 구입 등 경제적 부담 때문에'를 택해 1위를 기록했다. 최근 서울시 여성가족재단은 서울 여성의 평균 초혼 연령은 2000년 27.25세에서 2010년 29.82세로 2.57세, 남성은 29.65세에서 32.16세로 2.51세 많아졌다고 밝혔다.

사람들은 '결혼 자금은 턱없이 부족하고, 빨리 돈을 모아 결혼하고 싶지만 시간은 자꾸 흘러가고, 그러는 새 우리 사이는 시들해져버렸다', '내 집 마련을 하려 돈 버는 일에 집중하다 보니 결혼 시기를 놓쳤다', '결혼하려면 집도 사야 하고, 자녀 교육비도 2억 정도 든다는데, 요즘 직장인에게 이 정도 여유가 생기는 나이는 적어도 38세 이상이다. 결혼이 늦어질 수밖에 없다'고 이유를 밝혔다.

또한 '학업, 취업, 커리어 등 자기계발을 위해'가 20%(6,326명)로 2위를, '일, 육아, 양육 등 결혼 후 책임져야 할 부담감 때문에'가 17%(5,227명)로 3위를 나타냈다. 그 외에 '개인의 삶을 일정 부분 포기하기 싫어서'가 13%(2,224명), '시대의 변화가 결혼의 필요성을 약화시켜서'가 8%(2,457명)를 기록했다. '아직 인연을 만나지 못해서'는 7%(2,224명)를 차지했다.

– 출처 : 〈티브이데일리〉, 2012. 2. 16.

이 통계에서 김 대리 역시 벗어날 수 없다. 그의 여자친구는 2위(자기계발), 3위(부담이 싫어서) 의견을 들어 결혼을 미룰 수 있겠으나 김 대리는 오직 경제적 부담 때문이었다. 고용 불안, 내 집 마련의 어려움, 결혼의 어려움 등 김 대리가 체감하는 총체적 난국을 벗어날 그나마 유일한 빛은 '향토 장학금(부모가 무상으로 지원해주는 돈)'을 받는 것이다. 이 시점에서까지 부모에게 손을 벌리는 일은 염치가 없는 것은 물론이요, 김 대리의 부모로서도 지난 30여 년 동안 여러 자식들 수발하는 데 올인하느라 이미 대부분의 경제력을 소진한 상태다. 이제는 당신네들 노후조차 감당하기 어려운 이른바 '실버푸어silver poor'가 됐다.

KB금융지주 경영연구소가 2012년에 밝힌 조사 결과에 따르면 국내 비은퇴자의 노후 준비 점수는 100점 만점에 53.3점에 불과하다. 부모가 아파트를 사줬네, 차를 사줬네, 주식을 물려주었네 하는 이야기를 듣고 있노라면 김 대리와는 전혀 관계없는 별나라 이야기를 듣는 느낌이다. 그래도 김 대리는 부모를 원망하지 않고 고맙게 생각한다. 열심히 공부해서 명문 대학에 들어가고 대기업에 취직할 수 있었던 것도 따지고 보면 모두 부모님의 은덕이기 때문이다.

요즘 이른바 삼포 세대(취직, 결혼, 집 소유 등을 포기한 세대. 2030은 흔히 취업, 신용, 주거의 3중고로 인해 연애, 결혼, 출산을 포기한다는 의미)다, 삼중고三重苦다 해서 취업난, 결혼난, 주거난 등의 진입통痛을 겪지 않는 젊은이가 없다. 그나마 김 대리는 취업난은 가까스로 통과하지 않았는가? 그럼에도 불구하고 그 앞에 놓인 사회 경제적 현실은 결코 녹록지가 않다.

베이비부머 세대 vs 에코 세대

한국 사회는 전 세계에서 그 유래를 찾아보기 어려울 정도로 급변하는 사회다. 막상 그렇게 따지고 보면 김 대리와 박 부장은 비록 같은 회사, 같은 부서에서 근무하고는 있지만 기실 전혀 다른 세상을 살아왔다. 박 부장이 베이비부머 세대(1955~1963년 출생. 2010년 11월 현재 695만 명으로 전체 인구의 14.5%)의 전형이라면 김 대리는 에코 세대(1979~1992년 출생. 2010년 11월 현재 954만 명으로 전체 인구의 19.9%)의 전형이다. 에코 세대는 주로 베이비부머의 자녀들을 가리키는 용어다. 산 정상에서 소리치면 얼마 후 메아리가 돌아오듯이 전쟁 후 대량 출산이라는 사회 현상이 수십 년이 지난 후 2세들의 출생붐(2차 베이비붐)을 일으켜 붙여진 이름이다. 두 세대는 성장 과정, 취업 기회, 살림살이, 고용 환경, 조직 문화 등에서 판이한 이질성을 지닌다.

성장 과정

먼저 성장 과정을 보자. 박 부장이 간혹 자랑스레 들려주는 '나의 인생 분투기奮鬪記'에서 베이비부머 세대들의 살아온 삶을 알 수 있다.

"우리 때는 말이야. 있는 게 없었지. 조금 과장하자면 '아무것도 없었다'고 할 수 있지. 칼라 TV는 말할 것도 없고 흑백 TV도 내가 자란 지방 도시에서는 열 집 건너 한 집에 겨우 있었어. 김일 레슬링이라도 하는 날이면 동네 사람이 죄다 모여서 TV를 보았지. 그저 트랜지스터 라디오로 세상 소식을 접했지. 중학교에 들어가면 교복을 맞추는데, 심지어 대부분의 아이들이 그 교복을 고등학교 졸업할 때까지 입었어. 옷 하나로 6년을 버틴 거지. 중고등학교 교복이 똑같았냐구? 그때는 대한민국 모든 중고등학교가 교복이 똑같았어. 부산에서 광주로 전학을 가도 배지만 바꿔 달면 그만이었어. 학교에 갈 때는 가방 속에 잉크하고 펜대를 넣어가지고 다녔지. 펜촉으로 잉크를 찍어서 필기를 했다구. 먹을 것? 먹을 것이라…… '뽀빠이'라는 과자가 유일했지. 과일 같은 게 풍성하지 않았냐구? 그런 건 80년대 들어서면서부터 겨우 먹기 시작했어. 요즘처럼 좋은 아파트는 아예 존재하지도 않았고 많은 사람들이 판자촌 같은 집에서 전월세살이를 했지. 연탄을 하루에 2번씩 갈면서 살았는데, 그 연탄가스를 마시고 죽은 사람도 많았어. 형의 옷을 동생이 물려입고, 심지어 누나의 옷을 물려입는 사내들도 있었어. 내 중학교 때 한 선생님은 낡은 구두의 뒷굽을 칼로 잘라내고 슬리퍼 대용으로 신었었어. 슬리퍼 값을 아끼기 위해서였지. 우리 아버지 시계는 오리엔트라는 제품이었는데, 20년을 차고 다니셨지. 내가 결혼할 때만 해도 신혼여행은 대부분 2박 3일로 경주, 속리산, 설악산으로 떠났어. 돈 많은 집 신혼부부들이나 제주도로 여행을 갔는데, 얼마나 뻐기는지 말도 못할 지경이었어. 요즘은 해외로 가지 않으면 이상한 눈으로 보더군. 이런 이야기를 하자면 끝이 없어. 서독으로 간호사들이 나가고, 월남전에 파병돼 돈을 벌어오고, 중동으로 몰려가 뜨거운 모래바람 맞으면서 돈을 벌었지. 대학에 진학하는 숫자도 극히 드물었어. 공부를 잘해도 대학 등록금을 댈 수 없어서 공고, 상고를 가는 아이들이 많았어. 한 집안에 대학생이 2명이면 그 집은 기둥뿌리가 아예 뽑혔지. 오죽하면 우골탑牛骨塔이라는 말이 있었겠는가. 그런 고난 속에서도 우리는 열심히 일했지. 새마을운동 노래에 맞춰 잘살아보자고 외치면서 새벽부터 밤늦게까지 허리띠 졸라매고 일했어. 그때에 비하면 요즘 애들은 정말 낙원에서 사는 거야."

그의 말은 모두 맞다. 우리나라의 경제 성장은 거의 수직 상승이라 해도 과언이 아니다. 우리 민족의 배움 열망이 높다 하지만 당시 대학 진학률은 높지 않았다. 박 부장은 수도권 변두리 대학에라도 다녔으나 상당수 베이비부머들은 대학 문턱에도 가보지 못했다. 박 부장 세대의 대학 진학률은 27.7%에 불과하다.

박 부장에 비해 김 대리는 경제적으로 많이 윤택해진 시대에 태어나 제 집(대부분 아파트)에서 편안히 살면서 비교적 유복한 성장 과정을 거쳤다. 김 대리를 위시해 많은 에코 세대들은 대졸 이상의 학력(75.8%)을 보유하고 있다. 생활수준의 차이를 단적으로 보여주는 아파트 거주 경험을 비교하면, 18~25세 때 아파트에 살았던 경우가 베이비부머는 3.9%임에 비해 에코 세대는 45.1%에 달한다(통계청).

취업 기회

성장 과정과 정반대로 취업 기회에 있어서는 박 부장이 김 대리보다 훨씬 더 좋은 조건에 놓여 있었다. 박 부장이 사회생활에 신입할 1980년대 전후는 한국 경제가 비약적으로 발전하고 고도 성장을 이어가면서 일자리가 풍부한 시기였다. 혹자는 1980년대를 단군 이래 최대의 호황기라고 주저 없이 말한다. 대량 생산, 굴뚝, 공장 등으로 대변되는 이른바 산업 사회Industrial Society에서는 노동력에 대한 수요가 많기 때문에 노동력을 공급하려는 구직자의 입장에서는 일자리를 '골라잡는' 것이 별로 어렵지 않았다. 또 80년대 중반 이후 찾아온 3저 현상(저달러, 저유가, 저금리)은 우리나라 경제를 한 차원 끌어올리는 데 큰 역할을 했다.

대학을 졸업하면 대부분 일자리를 구할 수 있었고 굳이 대졸자가 아니더라도 눈높이를 조금만 낮추면 취업 문턱은 그다지 높지 않았다. 노동시장의 객관적 상황이 우호적일 뿐만 아니라 구직자의 태도 또한 (지금 생각해보면) 칭송받을 만한 것이어서 돈을 벌 수만 있다면 공장이나 건설 현장을 가리지 않았다. 열사의 중동에도 거침없이 자원했고 3D 업종도 마다하지 않았다. 일자리를 얻어 부모로부터 당당히 독립해 가정을 꾸려나갔다. 한마디로, 자수성가가 가능한 물질적, 정신적 토대가 존재하던 시대였다.

이때만 해도 흔히 말하는 '개천에서 용 나는' 일이 가능했다. 정확한 수치로 제시할 수는 없지만 성공한 대부분의 사람들은 거의 맨손으로 출발했다. 부잣집 자식들보다 가난한 집 자식들이 한계를 뚫고 성공하는 일이 더 많았다. 사법고시에 패스하거나 대학 입학 예비고사, 본고사, 학력고사 우수자들 역시 가난한 집 아이들이 많았다. 가난이나 부는 경쟁을 제한하는 요소가 되지 못했다. 누구나 노력하면 성공을 거머쥘 수 있었다. 또 당시는 경쟁의 무대가 국내로 한정돼 있었다.

그러나 30년 만에 모든 것이 바뀌었다. 김 대리가 사회생활에 첫발을 내디딘 2000년대 무렵에 와서는 IMF 경제위기의 후폭풍, 월가 발 금융위기, 남유럽 발 경제위기 등 국내외적 악재들이 연속적으로 터지면서 한국 경제의 발목을 잡고 성장 동력이 크게 약화됐다. 경쟁 무대가 세계로 확대된 것이다. 그 결과 기초 체력이 약한 한국 경제는 엄청난 불안과 시련 아래 놓이기 시작했다. 세기적, 전 지구적 규모의 경제 불안과 더불어 이 시기의 사회 경제적 특성은 더 이상 산업 사회가 아닌 지식정보 사회Information Society로 급격히 변모했다.

지식정보 사회는 어느 나라이건 경제 발전의 속도를 고용 속도가 따라가지 못하는 묘한 특성을 보여준다. 부의 총량이 일정 부분 증가해도 그에 필요한 노동력은 많지 않다는 뜻이다. 정작 필요한 노동력도 소수의 핵심 인재일 뿐이며 다수의 산업 노동자는 그리 많이 필요하지 않다. 김 대리를 위시한 에코 세대 입장에서 보면 이는 '닫힌' 일자리를 의미한다. 입시 지옥을 뚫고 대학을 졸업한 대다수 에코 세대가 백수로 전락하거나 누구는 '취포생(취업 포기생)'으로, 누구는

'프리터족Freeter(free+arbiter의 합성어로 변변한 일자리를 찾지 못하고 '알바' 식 고용을 지속적으로 반복하는 사람)'으로, 누구는 '니트족NEET: Not in Education, Employment or Training(장기간 취업에 실패해 의욕을 상실한 채 아르바이트로 하루하루 생활을 이어가는 젊은 층)'으로 연명할 수밖에 없는 현실도 어찌 보면 당연하다.

따라서 에코 세대에게 자수성가란 도달하기 어려운 현실의 장벽이 돼버린 지 이미 오래다. 더 이상 개천에서 용이 날 수 없는 것이다. 대학 5학년, 7학년, 9학년이 나타나고 부모 집에서 무한정 얹혀사는 '캥거루족' 또는 '연어족(부모 집에 기숙하는 캥거루족과 달리 취업 및 독립을 이미 하고서도 육아, 가사, 집세, 거주 비용을 줄이기 위해 부모 집으로 회귀해, 심지어는 시집살이까지도 스스로 감내하려드는 자녀세대)'으로 살아가는 것이다. 통계청의 인구주택 총조사(2010)를 보면 에코 세대의 절반 이상(54.2%)이 부모와 살고 있으며, 서울에서만도 캥거루족이 48만여 명으로 2000년(25만여 명)보다 무려 92%나 증가했다. 이에 비해 박 부장 세대는 부모에게 얹혀사는 일이 극히 드물었으며 허드렛일이라도 해 자신의 생계는 자신이 책임졌다.

결국 사회생활에 첫발을 들여놓는 시기부터 시달려야 하는 진입통(취업 진입, 결혼 진입, 내 집 마련 진입)이 에코 세대의 슬픈 자화상이 돼버렸다. 이러한 '나이 든 아이'의 문제가 한국만의 새로운 현상은 아니다. 일본의 경우 장기 불황에 빠져들기 시작한 1990년대부터 이른바 '패러사이트 싱글parasite single'이 등장했다. 나이가 마흔이 다 되도록 부모 집에 기대 사는 미혼 남녀가 큰 사회 문제로 등장한 것이다. 35~44세 남녀 6명 중 1명꼴로(16.1%, 295만 명, 일본 총무성) 패러사이트 싱글이 존재한다. 이들은 불황으로 인해 취업과 집 장만이 힘들어지자 단칸방 신혼살림 또는 '대출금의 노예'로 사느니 차라리 여유 있는 생활(해외여행, 취미생활 등)을 즐기면서 부모 집에서 편안히 얹혀사는 쪽을 선택한다.

이렇게 생활하는 패러사이트 싱글 당사자는 막상 편하고 행복할지 몰라도 그러한 자녀를 아침저녁으로 물끄러미 그저 바라만 보아야 하는 부모는 고통이 이만저만 아니다. 속이 터져 보다 못한 노부모들이 나서 노부모들끼리 사진을 교환하고 맞선을 주선해도 정작 패러사이트 싱글들의 반응은 심드렁하기만 하다. 미국의 경우에도 그와 같은 자녀가 있을 경우 노부모의 결혼 만족도는 크게 저하된다. '나이 든 아이'의 문제는 단순히 해당 가정 또는 가족의 문제로 끝나지 않고 저출산, 은퇴 빈곤의 사회적 문제로까지 확대되고 재생산된다는 데 문제의 심각성이 있다. 최근 서구 사회를 중심으로 나타나는 일련의 사회 현상들(월가 점령, 고등교육으로의 회귀, 현실 정치 및 정당에 대한 무조건적인 부정, 외국인 혐오 등)도 따지고 보면 젊은 세대의 일자리 부족에 근본 원인이 있다.

취업 사정이 이렇게 열악하다 보니 이제 결혼은 필수가 아닌 선택과 사치가 되었고, 안 그래도 한국 사회가 직면하고 있는 저출산–고령화 문제를 가중시키는 주범 가운데 하나로 에코 세대가 지목받고 있다. 따지고 보면 에코 세대들도 그러고 싶어 그러는 것은 전혀 아닌데 정말 억울하기만 하다. 김 대리도 알파걸 여자친구와 결혼을 이미 약속했지만 덜컥 결혼한다 해서 당장 원룸 단칸방 신세를 벗어날 수 있는 것은 아니다. 그런저런 이유로 차일피일 결혼을 미룬 채 그나마 사실혼 관계라도 유지하며 위안을 삼고 있는 형편이다. 이런 상황은 여자친구의 경우 김 대리보다 오히려 더하면 더했지 결코 덜하지 않다. 남자 친구가 전세 아파트라도 구할 수 없을 바에야 혼수 걱정도, 시댁 눈치 볼 일도 없는 현 상태를 이대로 유지하는 편이 차라리 낫다고 생각한다.

김 대리의 여자친구는 두 살이 더 어리다. 대학 4학년 때 옆 학교와의 미팅에서 우연히 만나 연애 아닌 연애를 하다가 연인으로 발전했다. 적극적이고 도회적인 성격의 그녀는 언제나 세련된 차림새를 추구한다. 값싼 핸드백 2~3개를 사느니 명품 하나를 구입한다. 새로운 전자 기기가 나오면 즉각 인터넷으로 구매해 테스트를 해보는 '얼리어답터'다. 예컨대, 노트북, MP3, 스마트폰, 아이패드가 나오면 망설이지 않고 즉각 구입한다. 신문화를 개척하는 정신이 김 대리보다 훨씬 빠른 것이다. 그러나 다행히 낭비는 하지 않는다.

문화에 대한 욕구도 강하다. 일주일에 한 번은 반드시 영화를 보아야 하고, 해외의 유명한 오케스트라나 공연단이 오면 휴가를 내서라도 관람을 한다. 베스트셀러에 올라오는 책이 있으면 다 읽지는 않더라도 반드시 구입해서 머리말이라도 읽어본다. 정치, 시사, 경제 지식도 풍부하다. 그러기에 김 대리와 만나 데이트를 하면 요즘에는 주로 김 대리가 듣는 쪽이다. 하지만 애교도 많다.

"옵빠~ 귀요미가 배가 고파용" 하는 식이다.

그런 그녀에게도 고민은 많다. 김 대리의 연인으로서 서로 사랑하는 것은 분명하지만 어떻게 결혼을 해야 할 것인지에 대해서는 자신이 없다. 대부분의 알파걸들이 그러하듯이 그녀 역시 남에게 뒤지는 결혼은 하고 싶지 않았다. 결혼 비용과 일주일 정도의 해외 신혼여행비는 마련할 수 있으나 그 다음이 문제였다. 전세로라도 버젓한 아파트를 얻으려면 최소 8,000~1억은 있어야 했다. 그 돈이 지금 어디에서 나온단 말인가?

설사 그 비용을 마련했다 해도 둘이 버는 돈으로는 싱글일 때의 호사스러움과 문화생활은 누릴 수 없다. 버는 돈은 족족 저축해야 하고, 알뜰살뜰 아끼면서 살아야 한다. 그녀는 그런 억눌린 삶은 살고 싶지 않았다.

한국 사회 '알파걸'이 주도하나

한국 사회를 주도할 새로운 계층 '알파걸'이 뜨고 있다. 여학생들의 대학 진학률이 남학생을 앞지르고, 의사, 변호사, 공무원 등 전문직에서 여성의 약진이 두드러지고 있다. 통계청과 여성가족부가 발표한 '2012 통계로 보는 여성의 삶' 자료를 보면 여학생의 대학 진학률은 75%로 남학생의 70.2%보다 높았다. 2009년 이후부터 여학생의 진학률은 남학생을 앞지르고 있다. 특히 남녀 학생 간 대학 진학률 격차가 2010년 2.9%p에서 2011년 4.8%p로 더 크게 벌어졌으며, 전문대학과 4년제 이상 대학의 경우 모두 여학생 진학률이 높았다.

의료계에서도 치과의사, 약사, 한의사의 여성 비율이 높아지고 있는 것으로 나타났다. 여성 치과의사는 1980년 10.9%에 불과했으나 2010년 25.3%로 늘어나 치과의사 4명 중 1명이 여성인 것으로 조사됐고, 상대적으로 비중이 낮았던 여성 한의사의 비율도 1980년 2.4%에서 2010년 16.9%로 증가했다. 약사는 1980년 여성의 비중이 이미 절반(50.4%)을 넘어선 이후에도 지속적으로 늘어나 2010년에는 64.1% 수준으로 늘었다.

교육계에서는 각 학교급별 교원 중 여성의 비율이 지속적으로 늘어나고 있는 추세다. 특히 2011년 초등학교의 경우 교원 4명 중 3명(75.8%)이 여성인 것으로 집계돼 여성 편중 현상이 심화되고 있는 것으로 나타났다. 대학(원)의 전임강사 이상 교원 중 여성의 비중은 21.7%로 0.6%p 늘었다. 학교급별 여성 교장과 교감의 비율도 꾸준히 늘었다. 중학교 여성 교장의 경우 2000년 8.7%에서 2011년 18.4%로 9.7%p 증가했다.

정관계에서도 근소하지만 여성의 비율이 높아졌다. 국회의원 및 기초자치단체장의 여성 당선자 비율을 보면 2000년 5.9%에 불과했던 여성 국회의원 비율은 2012년 15.7%로 9.8%p 증가했다. 2010년 기초단체장 중 여성 비율은 2.6%(여성 광역단체장은 없음)로 1995년 0.4%에 비해 다소 늘었다. 2010년 판사, 검사 등의 법조인 중 여성이 차지하는 비율은 15.0%로 10년 전에 비해 11.9%p 늘었다. 이 중 여성의 비중은 판사가 24%로 가장 높았고, 다음은 검사 20.8%, 변호사 11.7% 순이다. 이처럼 공부, 운동, 리더십 등 다방면에서 두각을 나타내는 엘리트 여성들, 이른바 '알파걸'들이 미래 한국 사회를 이끌 메인스트림으로 자리 잡고 있다.

- 출처 : 〈아시아투데이〉, 2012. 6. 28.

비록 김 대리의 여자친구가 메인스트림은 아니지만 알파걸임은 분명했다. 그러한 그녀와 결혼하기 위해서는 김 대리가 그만한 조건을 구비해야 했다. 하지만 현 상태에서는 불가능했다. 그 이유는 무엇일까? 결국 문제는 '돈'이었다.

저축추진중앙위원회가 2011년 전국 11개 주요 도시에서 결혼

1년 미만 신혼 남녀 1,000명을 대상으로 실시한 '결혼 비용 지출 실태 조사' 결과를 보면 그 비용에 입이 다물어지지 않는다. 결혼을 위해 소요되는 총비용이 남자는 8,078만 원, 여자는 2,936만 원이다. 어지간한 중산층 가정에서도 자식 혼사는 기둥뿌리 1~2개가 뽑혀나가는 상황이다. 김 대리가 캥거루족을 탈피한 것은 이제 2년 남짓이다. 혹자는 캥거루족을 키운 당사자가 유치원 때부터 자녀 주변을 끊임없이 맴돌며 과잉보호한 '헬리콥터 부모'인 베이비부머 자신이라고 비난하지만 경위야 어떻든 김 대리를 위시한 에코 세대 앞에 놓인 현실은 냉혹하기 그지없다.

에코 세대의 노동시장, 결혼시장이라는 객관적 현실도 현실이지만 유복한 성장 과정을 거치고 고학력-과잉 학력을 보유한 이들은 '헝그리 정신'이 부족하다. 3D 업종은 아예 쳐다보지도 않으며 처우 수준이 낮은 중소기업은 기피한다. 오직 대기업이나 공기업만을 끊임없이 바라본다. 그 결과 '일자리 미스매치'가 심각하며, 외국인 노동자가 해마다 늘어나는 것은 당연한 현상이다.

'고학력 싱글'로 대표되는 에코 세대의 문제는 국내만의 문제는 결코 아니다. 2008년 1월 스위스 다보스에서 열린 세계경제포럼WEF은 "세계적으로 교육 수준이 높은 싱글족이 크게 늘어나고 있으며 20~30대 독신 여성이 문화와 소비의 새로운 주체로 떠오르고 있다"고 밝혔다. 세계적 추세와 마찬가지로 한국의 경우에도 1인 가구의 비율이 급증하는 추세다. 2012년 1인 가구는 전체 가구의 약 1/4에 달하며, 2035년에 이르면 34.3%(4인 가구 비율은 9.8%로 급감)로 전체 가구의 1/3을 차지할 것으로 전망된다(통계청, 2012). 1인 가구의 상당

수는 미혼의 에코 세대다.

　전 세계의 젊은이들이 치열하게 겪고 있는 이 같은 사회 경제적 어려움의 원인은 결국 일자리 부족이다. 현재 상황은 말할 것도 없고 미래 전망조차도 암울하다. 국제노동기구ILO에 따르면 유럽의 재정 위기 등으로 가파르게 상승한 세계의 청년 실업률(12.7%)은 5년 뒤인 2017년(12.9%)에도 전혀 개선되지 않을 것으로 전망된다.

기회의 공정성

취업 기회만을 놓고 박 부장과 김 대리를 비교하면 분배 공정성distributive justice(자신이 투입한 것에 비해 받는 것이 얼마나 많은지의 정도)에서 베이비부머의 향유 정도가 에코 세대에 비해 훨씬 더 높다는 것을 어렵지 않게 알 수 있다. 박 부장 세대에도 대학 합격은 쉽지 않은 일이었다. 그러나 김 대리 세대가 겪은 것만큼 치열하지는 않았다. 학원 과외가 일반적이지 않았으며 개인 과외는 거의 없었다. 즉 학생들의 교육 기회는 학교 교육이 전부였다(물론 일부 학생들은 학원에 다니고 개인 교습도 받았지만 그 수는 극히 적었다). 특이한 점은 박 부장 세대에는 '교련'이라는 과목이 있었고 봄·가을로 대민 지원도 나갔다. 봄에는 모심기 지원을 나가고 가을에는 벼 베기 지원을 나갔다. 즉 어떤 의미에서는 학교 공부 외에도 삶 공부를 적절히 했다는 뜻이다. 그러나 김 대리 세대는 처음부터 끝까지 오로지 학교 공부에만 매달렸다. 공부 외의 여유를 즐길 틈이 없었던 것이다.

대학에 들어가서도 마찬가지였다. 캠퍼스에 첫발을 내디딘 신입생 중에 4년 후(또는 6년 후) 취업을 걱정하는 학생은 아무도 없었다. 당시 회자됐던 '먹고 대학생(공부는 하지 않고 그저 먹고 놀기만 한다는 풍자어)'으로 4년을 보내도 모두 취직이 됐다. 수요에 비해 공급이 부족했기 때문에 4년제 대학 졸업장만 있으면 거의 대부분 일자리를 찾아갔다. 또한 출산 인구가 늘어나면서 학교가 증가했고 그만큼 교사의 수요도 많았다. 정식으로 교직 과목을 이수하지 않아도 교사 자격증이 주어졌고 그 덕분에 적지 않은 사람들이 교직으로 진출했다. 즉 박 부장 세대는 대학 입학과 졸업에서 큰 혜택을 본 것이다.

그렇게 대학을 졸업하고 일자리를 잡은 베이비부머 세대는 한국 경제의 놀라운 성장과 국제화, 민주화를 바탕으로 착실히 재산을 모으고 내 집을 장만했다. 본인이 조금만 노력하면 누구나 재산을 일굴 수 있는 조건이 마련돼 있었다. 당시만 해도 집값이 오늘날처럼 소득에 비해 엄청난 비중을 차지하지 않았다(우리나라의 아파트 값이 급등한 것은 1988년 서울올림픽이 끝난 이후다).

이에 비해 김 대리 세대는 5세 때부터 배움의 길로 들어서 장장 25년 가까운 경쟁을 치러야 했다. 초등학생 때부터 2개 국어를 배우고, 80년대에는 그 단어조차 없었던 '입시 지옥'을 뚫고 명문대학에 들어가 엄청난 스펙 쌓기를 했음에도 겨우 일자리를 얻는다. 3~4개의 자격증은 기본이지만 너 나 할 것 없이 모두 자격증이 있기에 딱히 내세우지도 못한다. 박 부장 세대는 대학 졸업 후 2년이 지날 때까지 백수로 있으면 '무능력자'로 낙인찍혔지만 김 대리 세대는 당연한 현상이 됐다.

정작 문제는 앞으로 고용 보장과 승진·승급 등은 누구도 장담할 수 없을뿐더러 경제력의 축적 및 독립적 가정 일구기가 실로 난망이라는 점이다. 어찌 보면 에코 세대는 학력 과잉으로 근근이 신음하는 대한민국 최초의 세대가 아닐까 싶다.

열심히 공부해서 좋은 대학에 들어가고 좋은 직장에 취직하는 이유는 오로지 돈을 많이 벌기 위해서만은 아니다. 그러나 순전히 돈으로만 따지자면 이제까지 투자한 액수와 앞으로 거두어들일 액수를 비교하면 정말이지 밑지는 장사가 아닐 수 없어 한숨이 절로 나온다. 에코 세대의 표본인 김 대리의 경우를 대충이나마 계산해보자. 김 대리가 초등학교에서부터 시작해 대학을 졸업하고 이 직장에 들어오기까지 투입한 돈을 모두 계산하면 대략 5억 원이다. 5억 원의 산출 근거는 한국보건사회연구원의 2009년 추정치에 따른 것이다. 자녀 1명을 낳아 대학 졸업까지 소요되는 비용은 평균 2억 6,000만 원이지만 김 대리의 경우 유난히 많은 사교육에 노출되었음을 감안했다.

현재의 직장에서 이 금액을 회수하기 위해서는 (급여 인상분을 감안해도) 최소 10년 내지 15년을 근무해야 한다. 김 대리가 원한다 해서 그만한 기간을 근무할 수 있을지도 의문이거니와 주변을 둘러보아도 자의 반 타의 반으로 불과 몇 년 내에 이직하는 경우가 많음을 감안할 때 5억 원의 비용이 만만히 회수되기는 쉽지 않다. 더구나 김 대리가 그동안 학업과 취업을 위해 포기했던 기회비용까지 감안하면 경제적 비용 economic costs (명시적 회계 비용 + 암묵적 기회비용)은 훨씬 더 커진다. 이 비용을 한 회사에서 회수하기란 결코 쉽지 않음을 어렵지 않게 예측할 수 있다.

부의 축적

취업 기회와 마찬가지로 살림살이에 있어서도 박 부장과 김 대리의 차이는 박 부장이 훨씬 더 우월하다. 내 집 마련 문제만 해도 박 부장을 포함한 베이비부머들은 그 옛날에 집값이 현재처럼 비싸지 않을 때 집을 장만했다. 이후 대출을 받아 평수를 늘려나가는 확대 행진을 해나갔다. 그런데 이제 웬만한 수도권 아파트는 값이 올라도 너무 올라 김 대리와 같은 에코 세대 월급쟁이 입장에서는 절약하고 또 절약해서 적어도 20년 가까이 꼬박 모아야 그러한 아파트를 간신히 마련할 수 있다.

베이비부머들 가운데 일부는 재래식 사고방식에 투철해서 자신이 사는 중대형 아파트를 아들, 며느리에게 물려주는 경우도 있다. 그러나 대다수 베이비부머들은 스스로 하우스푸어house poor가 되면서까지 노후를 학대하려 들 만큼 어리석지는 않다. 집을 물려주기는커녕 은행에 담보 잡혀 그 돈으로 아들, 며느리 전세 자금 구비해주는 정도도 흔쾌히 하려 들지 않는다. 그도 그럴 것이 집(또는 전세 자금)을 마련해준다 해서 훗날 자녀들이 노후를 책임져줄 것도 아니며, 또 주변을 둘러보면 자식들에게 속는 일이 비일비재하기 때문이다. '받을 것만 받고 줄 것은 안 주는' 자녀로부터 외면받고 뒷방 늙은이 신세를 면치 못하는 경우를 하도 많이 보아온 터라 나름대로 현명한 선택을 하는 셈이다. 국민연금공단이 2012년 밝힌 바에 따르면 우리나라 베이비부머의 70%가 노후에 국민연금을 한 푼도 받지 못할 것이라고 한다. 실직 등으로 보험료 납부 상태가 매우 부진하기 때문이란다.

부모만을 하염없이 바라보는 에코 세대 가운데 일부는 '거룩한' 부모로부터 중형 아파트, 자동차 등을 하사받아 신혼을 시작하는 경우도 있으나 상당수 에코 세대는 '너는 너, 나는 나' 식으로 생각하는 현명한 부모를 둔 덕에 변두리 다세대 단칸방(에코 세대의 42.5%가 보증금 있는 월세 세입자), 원룸, 지하철 패스 등을 고스란히 감수해야 하는 실정이다. 이들은 어려서부터 이제까지 중형 아파트라는 안락한 캥거루 둥지에서만 살아온 터라 자신에게 주어진 현실을 받아들이기 힘겨워한다. 게다가 "부모가 보태주는 크기에 비례해 출발점이 달라지고, 한 번 출발점이 달라지면 영영 따라잡을 수 없다"는 인식 아래 아예 처음부터 탄탄대로를 가려 한다. 그런 연유로 무리하면서까지(심지어는 부모와 반목하면서까지) 부모에게 요구하고 희생을 강요하는 경우도 드물지 않다.

부모 세대는 희생을 감수하고 자식 세대는 희생을 요구하는 것을 당연시 여기는 풍조는 한국 사회의 새로운 풍속도일 따름이지, 예전에는 객관적인 사회 상황에서 이는 원천적으로 불가능했다. 이를테면 박 부장 세대는 부모와 자신의 경제력을 비교했을 때 부모보다 못한 경우를 거의 상상하지 않았다. 즉 해방 이전과 이후 세대인 부모들보다 그들이 훨씬 더 많은 부를 축적했다. 그렇기 때문에 성인 자녀가 노부모에게 용돈을 드리는 것은 상식이었다. 이는 굳이 전통적 부모 공양 사상이나 관례를 들먹이지 않더라도 경제력에서 성인 자녀가 노부모를 훨씬 앞섰기 때문이었다.

그러나 이제 상황은 바뀌었다. 베이비부머 세대는 독특한 특성을 보유한 독보적 세대라 할 수 있다. 그 이유는 바로 그들이 성인 자녀들보다 더 많은 경제력을 보유한 대한민국 최초의 세대에 해당하기 때문이다. 거꾸로 에코 세대의 입장에서 보면 이들 또한 독보적인 세대가 아닐 수 없다. 왜냐하면 이들이 바로 자신의 부모 세대에 비해 상대적으로 가난해진 대한민국 최초의 세대에 해당하기 때문이다. 쉽게 말해, 다세대 주택, 전월세, 삼중고, 진입통 등의 용어를 끌어안고 살아야 하는 에코 세대는 세대 간에 역전된 살림살이를 몸소 치열하게 겪고 있는 근대 한국 최초의 세대인 것이다.

한국은 그나마 이제야 경제력의 세대 간 역전을 목도하고 있지만 일본뿐 아니라 미국 등지에서는 이 같은 역전이 일어난 지 이미 오래이며, 노부모와 성인 자녀 사이의 돈 흐름cash flow이 '위에서 아래로'라는 인식이 정착된 상황이다.

고용 환경

취업 기회 및 살림살이와 마찬가지로 고용 환경에 있어서도 박 부장과 김 대리 사이에는 엄청난 갭이 존재한다. 박 부장을 위시한 이른바 386세대가 직장 생활을 시작한 1980년대 즈음에는 노동력 공급에 비해 수요가 대단히 풍부했던 경제 활황기였다. 단적인 예를 들자면 현대, 대우, 럭키금성, 삼성, 율산, 국제그룹 등이 세계시장을 본격적으로 개척해나가고 사세가 확장되던 시기에는 대졸자가 부족했다. 그들은 유능한 신입사원을 확보하기 위해 명문 대학으로 스카우터와 홍보맨을 보내 학생들을 모아놓고 자신의 회사를 소개하기에 바빴다. "우리 회사는 이렇게 많은 월급을 주고, 이렇게 많은 복지 혜택이 있으니 제발 우리 회사로 와주세요"라고 홍보 내지는 하소연을 한 것이다.

그러면 대졸자들은 그 많은 기업들 중에서 입맛에 맞는 회사에 지원서를 냈다. 한 학생이 서너 곳의 회사에서 합격통지서를 받는 일도 비일비재했다. 또 대학을 졸업하지 않고 기계 관련 자격증(예컨대, 굴삭기, 용접 자격증)만 있어도 중동으로 나가 3~4년 사이에 적지 않은 돈을 벌 수 있었다. 오늘날의 청년들에게는 전설에 가까운 이야기다.

또 한 번 회사에 들어가면 특별한 경우를 제외하고는 평생 고용이 보장됐다. 과거에는 한 회사에서 정년 퇴직자가 1년에 10명이 발생했다면 지금은 3명도 되지 않는다. 이 시기에는 연공 서열, 정년 보장, 아시아적 고용 관행(일본의 평생 고용으로 대표되는 장기 근속과 높은 직장 소속감 등)이 지배적인 패러다임으로 노동시장에 비교적 잘 정착돼 있었다.

그런데 김 대리가 직장 생활을 시작한 2000년대 이후에는 노동 수요에 비해 공급이 훨씬 더 많은 상태에서 세계적 규모의 경제 불황까지 겹치면서 이른바 업적 지향, 비정규직, 서양식 고용 관행(빈약한 소속감, 빈번한 이직, 경력 채용 등)이 지배적인 상황으로 변모했다. 집새와 철새의 비유를 들자면 박 부장 시기의 직장인들이 대부분 '집새 직장인'이었다면 김 대리 시기의 직장인들은 '철새 직장인'이 돼버린 셈이다.

무릇 "고용 관행은 노동시장의 구조적 필요를 여실히 반영한다"라는 노동 경제학적 내지는 경제 사회학적 주장을 굳이 들먹이지 않더라도 1980년대의 고용 관행과 2000년 이후 고용 관행 차이는 전 세계적으로 변화된 사회 경제적 상황의 산물이다. 더 구체적으로 말해, 구인자 및 구직자 각각의 입장에서 볼 때 노동시장에 수요가 넘쳐나는 시기에 구인자는 양질의 노동력을 안정적으로 확보해야 할 필요성을 강하게 느낀다. 따라서 잠재적 구직자들에게 시장에서 필요한 생산성 이상의 사회·경제적 보상과 혜택(장기 고용 보장, 연공 서열식 급여 제공 등)을 부여하는 방식으로 안정적인 노동력 확보를 시도한다. 구인자의 혜택에 대한 보답으로 구직자는 높은 소속감과 충성심을 보여주고 장기(또는 평생) 근속을 한다.

그러나 노동시장에 공급이 넘쳐나는 시기에는 구인자가 굳이 그렇게까지 해야 할 이유와 동기가 상실된다. 따라서 고용 보장이나 공급을 제공하기보다는 개개인의 노력과 성취 정도에 정확히 상응하는 만큼의 개별적 보상을 행하게 마련이다. 구인자의 이러한 행태에 대해 구직자 역시 높은 소속감 및 장기 근속으로 보답해야 할 이유가 사라진다. 따라서 마치 철새와 유사하게 어디까지나 '먹이(급여)와 기후(발전 가능성, 후생, 복리 등)'라는 조건이 부합하는 범위 내에서만 일하고, 조건부로 충성하며, 조건이 안 맞거나 기후 변화가 생기면 언제든 다른 곳으로 이적해가는 것이다.

이렇게 보면 박 부장과 김 대리의 상이한 고용 환경은 당시의 사회 경제적 상황에 부합하는 합리성 또는 합목적성을 지니고 있었던 셈이다. 2009년 노벨경제학상을 수상한 미국의 윌리엄슨Oliver Eaton Williamson 교수가 사용하는 용어를 빌리자면, 박 부장의 노동시장이 이른바 '위계hierarchies' 위주로 점철되는 상황이었다면 김 대리의 노동시장은 말 그대로 '시장markets' 위주로 점철되는 상황이다.

달라진 조직 문화

이제까지 살펴본 취업 기회, 부의 축적, 고용 환경 등에서 박 부장과 김 대리의 차이가 개인의 수준에서는 어찌할 도리가 없는 '사회 구조적hierarchies' 차이라면 두 사람 각각이 개인적으로 자연스럽게 여기고 선호하는 조직 문화organizational culture에서의 차이 또한 결코 무시할 수 없다.

주지하다시피, 산업 사회 또는 산업경제 사회에서는 과정이야 어떻든 결과를 우선시하는 경향이 있고, 집단적으로 통일된 의견을 중시하며, 불도저식 리더십, 상명하달식 의사 전달, 도구적 지향instrumental orientation 등을 강조한다. 한편 지식정보 사회 또는 지식경제 사회에서는 결과보다도 과정을 중시하고, 개개인의 창의성, 혁신, 아이디어, 감성 리더십, 감성 경영, 과감한 권위 이양, 하향식 의사전달, 정감적 지향expressive orientation 등을 강조한다. 이러한 강조점의 차이 또한 시대적, 사회 경제적 상황에 부합하는 정합성이 있다. 개인적 견지에서 보았을 때도 한 세대의 연령 차가 나는 박 부장과 김 대리는 각기 선호하는 조직 문화에서도 적잖은 차이가 있다.

박 부장이 선호하는 리더십이 '나를 따르라' 식의 이른바 강재구 스타일 또는 현대그룹의 리더십이라면 김 대리가 선호하는 리더십은 권위 이양형 또는 구글의 감성 리더십이다. 그러나 김 대리의 눈앞에 펼쳐진 현실의 직장은 개개인의 성취를 중시하기보다는 집단 성과를 강조하고, 개인의 창의력과 순발력은 조직 관행이라는 이름 아래 묻혀버리기 일쑤다. 과정이야 어떻든 결과만을 우선시하며, 사내 의사결정은 (중요한 문제일수록) 어디서 어떻게 이뤄지는지조차 알 수가 없다. 승자에게는 물론 패자에게까지 납득하고 수긍할 수 있는 설명을 제공하지 않는 등 이른바 '불도저식', '상명 하달식' 권위의 전형인 것이다.

널리 회자되는 '보스턴컨설팅'의 김위찬Chan W. Kim 컨설턴트가 1997년 〈하버드비즈니스리뷰〉에 게재한 '지식 경제 시대의 경영'이라는 글에서 언급한 '산업 경제product-based economy'와 '지식 경제knowledge-based economy'의 차이도 결국은 박 부장의 산업 사회와 김 대리의 지식정보 사회 사이의 차이와 별반 다르지 않다.

조직 공정성

성장 과정, 취업 기회, 부의 축적, 고용 환경, 조직 문화 등에서 박 부장과 김 대리 사이에 놓인 사회 경제적(구조적), 성향적(개인적) 차이가 조직 공정성을 바라보는 인식과 잣대의 차이로 이어지지 않는다면 오히려 더 이상할 것이다. 간단히 말해, 조직 공정성은 근로자가 자신의 소속 직장 또는 근무 조직에 느끼는 공정성으로서 분배 공정성distributive justice, 절차 공정성procedural justice, 정보 공정성informational justice이라는 3가지 핵심적 하위 차원들을 포함하는 개념이다.

첫째 분배 공정성은 근로자가 본인의 개인적 투입(능력, 기술, 노력, 학력, 경력 등) 대비 직장으로부터 받는 대우 또는 산출(급여, 승진, 고용 보장 등)이 공정 또는 불공정한 정도를 가리킨다. 투입 대비 산출이 크면 클수록 분배가 공정하다고 인식한다.

둘째, 절차 공정성은 직장 내 주요 의사결정을 위한 절차가 공정 또는 불공정한 정도를 나타낸다. 분배 공정성이 투입과 산출 사이의 비율에 초점이 맞춰져 있다면 절차 공정성은 산출을 결정하는 과정 그 자체에 초점이 맞춰져 있다. 이를테면 산출의 정도(또는 크기)와 관계없이(산출이 작은 경우는 물론이거니와 산출이 큰 경우조차도) 결정 과정이 해당 근로자에게 투명하게 공지되고 의견 수렴이 이뤄졌다면 그 근로자는 절차 공정성을 느끼고 결과에 승복한다. 그러나 반대의 경우에는 결과에 승복하기 어렵다.

셋째, 정보 공정성은 직장 내에서 주요 의사결정이 내려진 이후 필요한 조치(결정 내용, 과정, 파급 효과, 보완책 등)가 제대로 취해지는 정도를 가리킨다. 정보 공정성은 비교적 근래에 논의되기 시작한 개념으로, 근로자들은 투입과 산출 비율이 적정하지 못한 경우(분배 공정성), 산출의 결정 과정이 불투명한 경우(절차 공정성) 외에도 산출과 관련한 의사 결정이 내려진 후에 합당한 후속 조치가 제대로 구비되지 않을 경우에도 불공정을 인식한다.

조직 공정성의 이와 같은 개념들은 사실상 조직 문화와도 밀접한 연관이 있다. 그 이유는 근로자 개개인이 자연스럽게 여기고 선호하는 조직 문화가 과연 어떠한가에 따라 조직 공정성의 인식과 평가가 달라질 수밖에 없기 때문이다.

이제 그러한 개념들을 바탕으로 박 부장과 김 대리의 조직 문화 및 조직 공정성의 차이를 자세히 비교해보자. 박 부장에게 다분히 익숙할 뿐 아니라 개인적으로 선호하는 최종 결과물, 집단 성과, 통일된 의견, 불도저식 리더십, 상명 하달, 도구적 지향 등은 상당 부분 고전경제학적 과정에 뿌리를 두고 있다. 고전경제학에서는 개인을 효용의 극대화utility maximization를 부단히 추구하는 존재로 인식한다.

이때 효용이란 주로 가시적, 외재적, 금전적 보상과 관련되며, 더 구체적으로는 급여, 승진, 고용 보장이라는 3가지 보상을 지칭한다. 조직생활을 하는 임금 근로자들은 높은 급여, 보장된 승진, 장기간 확보된 고용 등을 최우선 가치로 추구한다는 의미다. 따라서 이들로 하여금 조직 공정성을 체감하게 하려면 그들이 그토록 염원하는 그러한 보상들을 충분히 제공하면 된다. 실제로 박 부장의 경우, 과정이야 어떻든 결과만 달성하면 그만이고, 결과 또는 목표 달성을 위해 수단과 방법을 가리지 않고(필요하다면 개인의 의견쯤이야 전체를 위해 희생된다) 통일된 합의와 현대그룹 방식의 저돌적 리더십이 발휘된다.

한편 김 대리에게 더 친숙하고, 그가 개인적으로 선호하는 방식은 정반대다. 결과보다는 과정, 장기간의 조정된 합의, 개인적 의사 및 의견 수렴, 구글식 감성 경영, 감성 리더십 등을 추구한다. 지식정보 사회의 핵심 가치 또는 근간을 형성하는 이와 같은 내용은 고전경제학을 거부한다. 즉 개인은 가시적, 외재적, 금전적 보상만을 부단히 추구하는 존재가 결코 아니며, 개개인에게는 비가시적, 내재적, 본질적 보상 또한 대단히 중요하다는 것이다.

다시 말해, 급여, 승진, 고용 보장 외에도 업무 자율성, 다양성, 창의와 혁신, 소통, 가족 친화적 근무 여건 등이 중요하다. 따라서 이들로 하여금 조직 공정성을 체감하도록 하기 위해서는 단순히 급여 인상, 승진 보장, 고용 보장만으로는 부족하다. 그에 더해 충만감을 느낄 수 있도록 다양한 근무 여건 및 환경을 조성해주어야 한다. 한마디로 김 대리가 직장에서 행복하고 만족하도록 하기 위해서는 의사결정의 절차, 소통, 투명성, 감성 경영 등 '지식 경제 시대의 경영'을 구현하기 위한 조건이 구비돼야 한다.

이제 김 대리의 일상으로 돌아가보자. 그가 삶에서 당면한 문제는 3가지로 요약할 수 있다. 현재의 직장 생활을 원만히 유지하는 것이 첫 번째이며, 결혼이 두 번째, 내 집 마련이 세 번째다. 노후 대비는 차후 문제다. 당장 발등에 떨어진 불이 더 급한 것이다. 그러나 이 중 어느 한 가지도 쉽지 않다. 그런 점에서 김 대리는 자신의 세대가 박 부장 세대에 비해 매우 불공정하다고 느낀다. 마라톤의 출발점에 섰을 때 박 부장은 낡은 운동화를 신었고, 자신은 기능이 뛰어난 나이키를 신었지만 경쟁은 훨씬 더 치열하다.

박 부장의 코스가 구불구불했다면 자신의 코스는 거의 일직선이라 해도 예측할 수 없는 장애물이 너무 많다. 박 부장 세대에는 한국인끼리의 경쟁이었으나 김 대리는 세계인과 경쟁해야 한다. 박 부장의 말처럼 그 옛날에는 주판만 잘 놓았어도 먹고살 수 있었으나 지금은 인터넷, 스마트폰, SNS 등 온갖 첨단 기기를 다룰 줄 알아도 취업

과는 아무런 상관이 없다. 요컨대, 지식은 늘어났어도 세상을 사는 지혜는 줄어들었다.

'그렇다면 이제 어떻게 해야 하지?'

김 대리는 직원들이 모두 퇴근한 사무실에 홀로 앉아 자신의 현재 위치와 겪고 있는 문제의 근원을 냉정하고 객관적으로 따져보았다.

'나는 지난 30여 년 동안 그런대로 성공적인 인생을 살아왔어. 남들도 인정하고 내 스스로도 자부하지. 그런데 치열한 입시 경쟁과 취업난을 뚫은 후 진입한 사회생활은 내 뜻과 정반대로 움직이고 있어. 나에게 극심한 스트레스를 안겨주고 있는 그것은 과연 무엇일까?'

김 대리는 곰곰이 생각하다가 종이 위에 그것을 기록하기 시작했다.

첫째는 사회 경제적 발전 가능성이다. 결혼해서 가정을 꾸리고, 내 집을 마련하고, 임원으로 승진해 안락한 노후를 설계하는 것은 아무리 계산해도 가시적으로 잘 보이지 않는다. 조직 공정성의 첫 번째 하위 개념인 분배 공정성을 놓고 진단할 때 나는 학력, 노력, 능력이 출중하다고 생각하지만 정작 직장에서 받는 대우 또는 성적표는 초라하기 그지없다. 연봉은 3,500만 원이며, 제아무리 열심히 노력한다 해도 승진과 고용이 보장되지는 않는다. 결국 내가 인식하는 분배 공정성은 낮을 수밖에 없다. 박 부장은 적게 투자하고도(교육, 능력, 기술 등) 많이 받는(급여, 승진, 고용 보장 등) 현실에서 억울한 느낌마저 든다.

여기서 문제가 되는 것은 절차 공정성이다. 중요한 의사결정이라 판단되는 사안(급여 인상, 승진 등)일수록 어디서 어떻게 결정이 이뤄지는지 도무지 알 수 없다. 급여 인상과 승진이 제때 원하는 만큼 성사되지 않는 것도 문제지만 김 대리를 더욱 화나고 초조하게 만드는 것은 자신이 전혀 인지하지 못하는 상황에서 어느 날 갑자기 뚝딱 결정이 내려져 일방적인 통보가 행해진다는 점이다. 이러한 상황에서 김 대리가 절차 공정성을 느끼기 어려운 것은 지극히 당연한 일이다.

또한 정보 공정성도 논란의 소지가 많다. 글로벌 위기 상황이다, 장기 불황이다 해서 회사가 허리띠 조르기를 한답시고 직원들이 기대하고 예상하던 승급·승진을 건너뛰고서도 아무런 후속 조치를 취하지 않는다. 만약 회사가 "구체적으로 이런 이유로 그와 같은 결정을 내릴 수밖에 없었으며, 향후 이러저러한 보완책을 마련하겠다"는 진솔한 자세를 보인다면 그나마 어느 정도 승복이 되겠으나 일언반구 말 한마디가 없다. 정보 공정성 또한 체감할 수 없는 것이다.

한국의 임금 근로자들이 예전에 비해 결과보다 절차를 중시하는 경향이 뚜렷하며, 직장생활에서 절차 공정성 저하로 인해 어려움을 호소한다는 사실은 〈한국종합사회조사〉(성균관대 서베이리서치센터) 및 〈한국 사회의 공정성 조사〉(한국 사회과학협의회)에 의해 실시된(1995, 2000, 2005, 2009) 장기 추세 조사를 통해서도 여실히 확인된다.

둘째는 직장생활 그 자체에서 오는 스트레스다. 무엇보다도 잦은 야근과 주말 근무를 포함하는 고강도-고빈도 업무의 연속이 나를 힘들고 지치게 한다. 밤늦게 퇴근하고 아침 일찍 출근하는 노동을 매일 반복하다 보니 항상 컨디션이 좋지 않다. 일에 지쳐 피곤한 일개미로 전락한 상황에서 여자친구와 데이트를 하기도 버겁다. 학교 다닐 때 '공부하는 기계'였던 내가 이제는 '일하는 기계'로 바뀐 것이다. 동창 가운데 몇몇은 이른바 'X대디' 또는 'X맘'이 되어 이미 결혼하고 가정을 꾸렸다. 휴일이 되면 온 가족이 여행을 떠나고 쇼핑을 즐기는 모습을 보노라면 부러움을 넘어 울화통이 터지기도 한다. 고강도-고빈도 업무 외에도 업무 처리 방식, 의사결정, 조직 문화 등도 내 스타일과 맞지 않은 것이 너무도 많다. 국내외를 막론하고 세상은 이미 많이 바뀌었는데도 정작 이곳은 여전히 전통적, 고답적, 위계적 패러다임이 지배한다.

김 대리가 조직 공정성을 느끼지 못하는 상황이 직속 상사로서의 박 부장 개인을 뛰어넘는 조직 구조적 또는 전사적全社的 문제 또는 상황이라면, 박 부장을 위시한 몇몇 상사들의 독불장군식 업무 처리 방식과 조직 문화는 다분히 개인적이고 사사로운 문제다. 사사건건 지시 일변도, 획일적 업무 처리, 집단 중시 등은 김 대리를 숨 막히게 만드는 독소로 다가온다.

김 대리는, 박 부장이 다정다감하고 부하 직원을 진정으로 아끼는 자세로 자신을 의사결정 과정에 적극적으로 동참시키고, 인사 고과와 업무흐름이 왜 그렇게 진행되는지를 납득할 수 있도록 설명해주고, 일단 의사결정이 이뤄진 후에는 그것을 어떻게 준수할 것인지에 대해서도 명확히 알려주기를 바란다. 그러나 현실은 정반대이니 좌절하고 극심한 스트레스에 시달릴 수밖에 없다.

김 대리가 볼 때 박 부장은 고약한 버릇도 있다. 이를테면 자기가 직접 작성해야 마땅한 보고서 또는 기획서를 무조건 김 대리가 작성하도록 지시하고는 회사에 최종적으로 제출할 때는 마치 자기 혼자 작성한 것처럼 위세를 부린다. 이와 같은 '부하 업적 가로채기'를 아주 당연하게 여기는 박 부장을 김 대리는 정말 이해하기 어렵다. 어찌 보면 박 부장의 그러한 태도는 본인이 신입사원이었던 시절부터 몸에 배어 아직까지도 버리지 못하는 나쁜 습성인 듯싶었다. 또 그 행태는 보편적인 관행으로 굳어져 있다. 그렇다 해서 그 관행이 김 대리에게까지 그대로 투영되기를 기대하는 것은 시대착오적 발상이 아닐 수 없다.

그러한 관행을 접할 때마다 리더십도, 팔로워십followership도 모두 무너지는 느낌이 든다. 주지하다시피 리더십과 대칭되는 개념으로서의 팔로워십은 무조건적인 '예스맨'이나 '아부꾼'과 달리 상사의 입장을 미리 헤아리고 존중하며 잘 견제해가면서 보필하는 참모이자 오른팔의 역할을 의미한다. 그러나 그것을 박 부장에게 실제로 구현한다는 것은 김 대리에게는 내키지도 않고, 실행하기도 어려운 요원한 슬로건일 뿐이다.

기록을 마친 김 대리는 자신이 쓴 내용을 다시 한 번 읽어보았다. 문제의 진단은 비교적 잘 내려졌다. 정작 문제는, 그 문제를 어떻게 해결할 것인가다. 눈앞에 닥친 직장 내에서의 갈등, 2~3년 이내에 해결해야 할 결혼, 그에 따른 내 집 마련 등. 그러나 곰곰 생각해보니 결혼과 내 집 마련은 내 뜻도 중요하지만 부모님과 여자친구의 뜻도 중요한 문제다. 내 집을 나 홀로 마련한 수는 없는 것이므로 이는 결혼 후 아내와 협의해서 차근차근 해결해야 할 장기 과제였다.

'그나마 한숨 돌릴 수 있겠군.'

김 대리는 종이 위에 '결혼'과 '집'이라는 단어를 썼다가 2줄로 지웠다.

'이건 차후의 문제이니 다른 것들을 이루기 위해 지금 내가 해야 할 일을 결정해야 해. 나는 과연 무엇을 해야 할까?'

평생 직장 vs 평생 직업

고용주(직장)와 근로자 사이의 유대감 또는 정감적 연대의 정도를 조직 몰입도 organizational commitment라 한다. 이는 근로자가 직장에서 소속감을 느끼는 정도를 가리킨다. 조직 몰입도를 높이기 위해서는 무엇보다 외재적, 내재적 보상 등을 위시한 제반 근무 여건을 우호적으로 조성해야 한다.

김 대리는 위의 2가지 요인으로 인해 조직 몰입도가 저하될 수밖에 없다. 박 부장이 직장생활을 시작하던 1980년대에는 한 번 들어간 직장은 평생 직장이라는 인식이 누구에게나 보편적이고 지배적이었다. 이직자 또는 경력 변경자 mid-careers의 경우 노동시장에서 바라보는 눈초리가 그다지 곱지 않았다.

개개 근로자들에게 중요한 것은 직업이기보다는 '직장'이어서, 자신이 하는 일 또는 직업이 무엇이건 일단 소속 직장에서 무슨 일이든 최선의 노력 또는 조직 몰입도를 보여주는 것이 중요했다. 그러나 이제 시장 환경과 상황이 급속도로 변해 근로자 개인의 입장에서뿐만 아니라 고용주 입장에서도 중요한 것은 직장이기보다는 직업이 된 지 이미 오래다.

어느 직장에서 근무하는가가 중요한 것이 아니라 어떤 일을 하는가(또는 할 수 있는가)가 중요해졌다. 근로자 입장에서는 자신이 원하면 언제든 다른 회사로 이직하는 것이 너무도 당연하고(어차피 그 회사에서 장기 고용을 보장해주는 것도 아닌데) 고용주 입장에서 볼 때도 능력이 시원찮은 사원을 굳이 지속적으로 끌어안고 있을 하등의 이유도 없는 것이다. 한마디로 말해 다년간 산업 사회를 지배하고 풍미하던 '평생 고용' 시대는 지고, 바야흐로 지식정보 사회를 대변하는 '평생 직업' 시대가 도래한 것이다.

평생 고용 시대가 '높은 조직 몰입도'와 '낮은 직업 몰입도'가 결합된 특성을 보여주었다면 평생 직업 시대에는 '낮은 조직 몰입도'와 '높은 직업 몰입도'가 유기적으로 결합되는 특성을 보여준다. 평생 직업 시대에는 개별 근로자, 잠재적 고용주, 노동시장 등 구인-구직 행위의 주요 행위자 또는 당사자 모두에게 이직에 대한 어떠한 차별이나 오명도 더 이상 존재하지 않는다.

돌이켜보면, 수십 년 전 한때는 '평생 고용', '평생 직장', '연공서열', '아시아적 고용 관행' 등의 용어를 동원해가며 동양(특히 한국과 일본) 사회의 고용 관행 특이성을 언급하고 칭송해 마지않던 시절도 있었다. 서양인들의 눈으로 바라본 동양 사회 근로자들의 높은 충성심(또는 조직 몰입도)은 실로 불가사의한 현상이었다. 서구인들은 그 주된 원인을 다름 아닌 아시아적 고용 관행에서 찾았다(대표적인 예는 Lincoln and Kalleberg, 1990).

그러나 이제 그와 같은 설명과 주장을 다시금 세밀히 음미해보면 상당 부분 일본의 급속한 경제 발전과 더불어 일본의 고용 관행을 미화하는 경향에 편승한 것이었음을 알 수 있다. 무엇보다도 그들의 주장에 실증적으로 등장하는 근로자들은 대단히 우호적인 근로 조건을 자랑하는 대기업, 그것도 사원들 가운데 중추적 역할을 담당하는 일부 핵심 사원들에게만 국한된 것이었다. 대다수의 근로자들은 평생 고용이나 평생 직장과 상당 부분 거리가 있는 비교적 평범한 직장인들이었던 것이다.

이러한 정황을 이 시점에서 재차 언급하는 이유는 마치 한국 근로자들이 예전에는 물론이요 작금에도 고도의 보호를 받는 우호적 여건에서 근무하며 따라서 조직 몰입도 또한 대단히 높을 것이라는 막연한 기대와 예상이 사실과 다름을 지적하기 위해서다. 실제로 국제종합사회 조사ISSP: International Social Survey Programme가 2005년 한국을 포함해 전 세계 40여 개국에서 실시한 〈노동 지향Work Orientations〉 주제 모듈 조사의 결과를 보면 한국 근로자들의 조직 몰입도는 조사 대상국 가운데 중간 수준에 머물고 있다. 또한 이 조사에서는 이직 의향을 묻는 항목도 있었는데, 한국 근로자들의 이직 의향은 상당히 낮은 수준에 머물렀다.

이와 같은 조사 결과는 (1) 한국 근로자들의 조직 몰입도는 외국인들 또는 국내 일반인들의 예상과 달리 그다지 높은 수준이 결코 아니며, ⑵ 근래 노동시장의 열악한 상황 등으로 인해 이직을 감행하기가 결코 쉽지 않은 상황이고, ⑶ 세기적 전 지구화와 더불어 고용주의 고용 관행 및 피고용인의 근로 태도에 있어서도 국가별 차이가 점차 사라지면서 일정한 방향으로 수렴되고 있음을 시사한다.

김 대리, 새로운 날개를 준비하다

평생 직업 – 평생 고용의 시대를 헤쳐나가야 하는 김 대리 입장에서 보면 날로 치열하게 전개되는 경쟁 사회에서 살아남기 위해서는 '준비된 철새'가 되어야 한다. 그에 비해 박 부장 세대는 새로운 직장을 찾기보다는 서서히 노후 대비를 해나가야 한다. 어떤 세대가 되었든 미래를 위해 지금부터 준비를 해야 하는 것이다. 박 부장은 은퇴 이후의 삶을 준비해야 하지만 김 대리는 더 넓은 세계로 나갈 준비를 해야 한다. 그런 의미에서 김 대리의 앞날은 박 부장이 지내온 세월에 비하면 훨씬 격동적이라 할 수 있다. 더 부지런히 찾아보면 자신의 꿈과 능력을 펼칠 수 있는 곳은 많다. 탁월한 실적만 올린다면 현재보다 더 좋은 대기업으로 옮겨갈 수도 있으며 자신의 사업을 할 수도 있다. 여차하면 한국을 떠나 세계를 무대로 활동할 수도 있다.

미래 사회는 평균수명이 100세로서, 평생 직장은 이미 사라졌고 오로지 평생 직업 또는 평생 취업 개념만이 존재하는 사회일 수밖에 없다. 이러한 상황에서 '명문대 졸업 – 좋은 직장 – 정년'은 구시대적 패러다임이다. 비록 명문대를 졸업한다 해도 취업이 자동적으로 보장되는 것은 아니며, 구조 조정과 명예 퇴직이라는 사각지대를 피해 가기가 쉽지 않다.

대학 입학 학력고사(대입 수능시험) 한번 잘 보면 평생 먹고살 수 있었던 것은 베이비부머 세대에서나 가능했다. 새로운 시대 상황에 중요한 것은 대학 졸업 후에도 끊임없는 자기계발과 스펙 쌓기를 통해 능력을 부단히 확대하는 것이다. 이를 위해서는 명목적인 타이틀보다는 실질적인 만족도와 적성이 중요하다. 자신이 좋아하고 잘할 수 있는 일을 찾아 재미와 보람을 느끼며 진지하게 노력해야 한다. 이것이 바로 역동적인 직업 세계에서 살아남을 수 있는 진정한 프로의 자격이다.

다시 늦은 밤, 회사에 홀로 남은 김 대리는 2차 인생 설계를 시작했다. 돈, 직업, 직책, 공증된 자격, 결혼, 자녀, 자녀 양육, 노후, 꿈의 실천…… 그가 해야 할 일은 많았다. 어떤 의미에서는 그러한 일을 하지 않아도 됐다. 직장에서 적당히 눈치 보면서 둥글둥글하게 처신하면 진급은 하지 못해도 그럭저럭 버텨나갈 수 있다. 굳이 결혼을 하지 않아도 된다. 그러면 자녀를 양육할 일도 없고 넓은 집도 필요하지 않다. 작은 원룸에서 평생을 살아도 된다. 실제 그런 청년들이 갈수록 늘고 있다. 10년, 20년 후에는 더 심해질지도 모른다.

하지만 김 대리가 생각하는 인생은 그런 것이 아니다. 능력을 발휘해 회사와 사회, 국가의 발전에도 이바지하고 싶다. 결혼을 하고 자녀를 낳아 참된 인간으로서의 행복도 누리고 싶다. 비록 어렸을 때 꾸었던 과학자의 꿈을 이루지는 못했어도 아들딸은 훌륭한 과학자로 키우고 싶다. 더 많은 돈을 벌어 사회에 공헌도 하고 싶다.

'흠, 무엇이든 만만치 않군. 하지만 차근차근 해나가면 못할 것도 없지. 어떤 사람들은 우리 사회가 불공정하다고 하지. 물론 어떤 측면에서는 맞는 말이야. 하지만 내가 열심히 노력하면 그 불공정 속에서도 목표를 이룰 수 있고, 불공정한 상황을 조금이라도 개선할 수 있지 않을까?'

그것을 위해 김 대리는 자신이 실제적으로 해야 할 일을 기록하기 시작했다. 건강 유지를 위한 꾸준한 운동, 저축, 재테크, 경제 공부, 대학원 진학, 어학 공부, 취미생활을 위한 동호회 가입, 여행 등. 역시나 해야 할 일이 많았다. 그러나 충분히 할 수 있다고 생각했다.

'이제껏 치열한 경쟁을 뚫고 여기까지 왔는데 앞으로 아무리 어려운 일이 닥쳐도 못할 게 없지.'

맞는 말이다. 이제 와서 생각해보면 김 대리가 사회생활을 시작하기 전 학창 시절에 들였던 피나는 노력은 별로 고통이랄 것도 아니다. 진정한 노력과 고통은 이제부터 시작이다. 따라서 '준비된 철새'로 거듭나기 위한 2차, 3차 내공 쌓기를 부단히 실천해야 한다. 그 길만이 김 대리로서는 경제적 여유, 지위, 명예, 안락한 보금자리, 박 부장으로부터의 해방, 행복한 노후 설계를 이룰 수 있는 길이다. 그가 그렇게도 소망하는 모든 것을 확실히 보장해줄 수 있는 유일무이한 테마이자 로드맵이기 때문이다.

| 3장 |

나는 얼마의 임금을 받아야 적정한가
한국인의 소득 공정성과 소득 불평등

신승배(성균관대학교 서베이리서치센터 연구 교수)

소득 불평등의 문제는 일련의 문제들이 꼬리에 꼬리를 물고 연동하며, 점점 그 규모가 커진다는 데 있다. 소득 불평등은 부자나 정치가, 기업의 문제가 아니라 사회 전체의 문제며, 사회 구성원과 구조 전체의 지속적인 관심과 노력이 필요하다. 또한 균등한 기회를 제공하는 기회의 공정성뿐만 아니라 절차와 결과에 대한 공정성도 요구된다. 최근 한국 사회의 화두가 된 공정성은 바로 이러한 필요성의 각성에 대한 표현이다.

내 월급은 불공정의 바로미터

나는 한 회사를 책임지고 있는 CEO다. 나는 주로 새벽 5시에 일어난다. 5분 정도 간단하게 운동을 한 다음 식탁에서 영양식 아침식사를 한다. 식사를 하면서 2개의 경제 신문을 대충 읽고 한 귀로는 TV 뉴스를 듣는다.

밥을 다 먹고 출근 준비를 하면 6시다. 대문에는 기사가 대기해 있다. 차 뒷좌석에 앉아 스마트폰으로 오늘 새벽의 뉴욕 증시와 세계 여러 나라의 증시를 확인한 뒤 좌석 옆에 쌓여 있는 각종 주요 서류들을 대략적으로 읽는다. 주요 서류만 해도 20건이 넘는다. 회사의 실적, 긴급 보고, 내려야 할 결정, 해외 동향, 정치 상황, 오늘 만나야 할 사람들에 대한 사항 등등 끝이 없다.

마음속으로 결정을 내릴 즈음 7시 무렵이면 회사에 도착한다. 20

여 명이 참석하는 임원 회의를 마치고 나면 몇몇 임원들의 개인 보고 시간이 있다. 회사의 미래가 걸린 주요 안건들을 결정하는 틈틈이 비서는 쉬지 않고 긴급 메모를 들고 온다. 거래처 A기업 사장의 전화, 국회의원 C의 전화, 미국 지사장의 전화, 변호사의 전화, 심지어 고등학교 동창의 전화…… 그 긴급 전화들을 외면할 수 없어 회의를 잠시 중단하고 1~2분 정도 통화를 한다. 한 손으로는 전화기를 들고 한 손으로는 끊임없이 메모를 한다. 그렇게 오전 11시가 되면 오늘 처리해야 할 주요 안건이 10개가 넘고, 만나야 할 사람은 10명에서 20명으로 늘어난다.

오후의 전략 회의는 다음 주로 미루고 잠시 화장실에 다녀온 후 차에 올라 회사를 떠난다. 11시 30분에 C와 점심을 먹고, 12시 20분에 D와 점심을 또 먹고, 1시에 회사로 돌아와 이달의 우수 사원 12명과 함께 점심을 또 먹는다. 거의 매일 하루에 점심을 두 번은 먹고, 심지어 하루에 7끼를 먹은 적도 있다. 더 많은 사람을 만나기 위해 저녁만 다섯 번을 먹기도 했다. 그러기에 늘 밥을 조금씩 먹는 편이지만 다섯 번째 만남에서는 밥이 한 숟갈도 들어가지 않는 때가 있다. 그럴 때면 상대가 '나를 싫어하나'라는 느낌을 받을까 봐 억지로 호들갑을 떨면서 열심히 먹는 시늉을 한다.

차를 타고 이동하면서, 사람들과 이야기를 하면서, 보고서를 읽으면서 머릿속에는 늘 숫자가 오락가락한다. 이달의 영업 실적, 매출, 순이익, 주식 하락세, 내년 전망, 세계 경제 전망, 정치 전망…… 머릿속은 늘 그런 숫자들과 생각들로 터지기 일보 직전이다. 모든 일을 끝내고 집으로 돌아오면 늘 밤 11시가 넘는다. 언젠가 한 번 밤 9시에 집에 들어간 적이 있었다. 그때 아내가 놀라는 얼굴로 이렇게 물었다.

"당신 오늘 조퇴했어요?"

매일 이런 식이다. 2주에 한 번은 의무적으로 골프를 쳐야 하고, 수없이 밀려드는 행사, 모임, 세미나, 워크숍, 결혼식, 장례식에도 응해야 한다. 단 1분간 얼굴을 비치기 위해 2시간을 길에서 허비해야 한다. 한 달에 5일은 지방으로 출장을 가야 하고, 10일은 해외 출장을 다녀야 한다. 그럴 때마다 시차 적응으로 고생을 한다. 대학에 들어간 막내딸과 한마디라도 이야기를 나눠본 것은 벌써 1년 전 일이고, 아내와 극장에서 영화를 본 것은 이제 기억조차 없다. 가족 휴가는 10년 전이 마지막이었다.

나는 새벽 5시부터 밤 12시까지 쉬지 않고 일한다. 1월 1일부터 12월 31일까지 한시도 쉬지 않고 일한다. 매일 저녁 6시면 퇴근하고, 토요일과 일요일이면 쉬는 직원들을 보면 부럽기 그지없다. 하지만 나는 그럴 수 없다. 대기업 회장이기 때문이다. 나의 결정에 회사의 미래가 달렸고, 3만 명의 직원과 2만 명의 협력 회사 직원들, 그 가족들까지 합쳐 대략 20만 명의 생사가 내 어깨에 달려 있다. 이러한 힘든 노동의 대가로 나는 1년에 52억 원의 보수를 받는다.

업무의 강도, 스트레스와 노심초사, 전전긍긍, 조바심, 막중한 책임감, 결정에 대한 부담을 숙명으로 안고 살아가고 있으며, 나를 위해서는 하루에 단 1초도 할애하지 않는 것에 비해 이 돈은 결코 많은 돈이 아니라고 생각한다.

과연 대기업 회장이 받는 연봉 52억 원은 많은 것일까, 적은 것일까? 대기업 회장이나 CEO의 보수 문제는 우리나라에서보다는 미국에서 더 큰 사회적 문제로 논란이 되고 있다. 다음의 기사가 이를 잘 보여준다.

미 상장 대기업 CEO, 근로자의 244배인 106억 원의 연 보수 받아

주식시장에 상장된 미국 기업의 대표는 2011년 평균해서 연 960만 달러(106억 원)를 받은 것으로, 경영진 보수조사 전문 회사인 '이퀼러Equilar'의 자료를 받아 AP가 분석한 결과 나타났다. 이는 2010년보다 6%가 오른 것이다. 또 AP가 2006년 이후 경영진 보수를 추적한 이후 최고치다.

기업들은 현금 보너스를 줄이는 대신 스톡 부여를 더 많이 했다. 그간 누누이 CEO의 보수가 터무니없이 높다고 주장해온 주주 운동가들에게는 약간의 승리감을 줄 수도 있는 변화다. 왜냐하면 스톡 부여는 기업 실적과 연계되는 경우가 많기 때문이다.

CEO들은 2011년 평균 360만 달러 상당의 스톡 부여를 받았다. 현금 보너스는 200만 달러였다. 또 스톡 옵션 가치의 중간값median은 170만 달러였다. 미국의 평균적인 근로자가 이 같은 상장 대기업 CEO의 평균 보수를 벌자면 244년을 일해야 한다. 미국 근로자의 보수 중간값은 3만 9,300달러(4,300만 원)였다. 가장 많은 보수를 받은 CEO는 미 전역에 쇼핑몰을 운영하고 있는 사이먼부동산의 데이비드 사이먼으로 1억 3,700만 달러(1,550억 원)의 연 보수를 받았다.

- 출처 : 〈뉴시스〉, 2012. 5. 25.

미국 CEO 보수, 사회적 논란에도 계속 상승

미국 기업 CEO의 고액 보수에 대한 주주들의 불만이나 빈부 격차 확대 등 사회적 논란이 커가고 있지만 이들의 보수는 계속 오르고 있다고 〈뉴욕타임스〉 인터넷판이 보도했다. NYT는 이퀼러에 의뢰해 2011년 미국 내 CEO 보수 상위 200개 기업을 조사한 결과 보수의 중간값은 1,450만 달러(약 168억 원)로 나타났다. 이는 2010년에 비해 5% 상승한 것으로 상승 폭은 다소 눈화됐다. 하지만 이 같은 보수 상승은 계속되는 고실업 시대, 그리고 다수의 보통 미국인들의 부가 줄어드는 가운데 나온 것으로 보인다.

이번 조사에서는 오라클의 래리 엘리슨이나 CBS 방송의 레슬리 문브스처럼 유명 기업의 CEO가 각각 7,760만 달러와 6,840만 달러의 보수를 받아 상위를 차지하기도 했지만 상대적으로 규모가 작은 기업들의 CEO가 다수 포진해 있다는 특징을 보였다. 예컨대, 기업 규모가 오라클의 10분의 1에 불과한 디스커버리 커뮤니케이션스의 데이비드 M. 자슬라브 CEO는 5,240만 달러의 수입으로 여섯 번째 고소득자에 오르기도 했다.

그러나 NYT는 이번 조사에서 주주들이 새로운 힘을 갖게 되면서 CEO들의 높은 보수에 제동을 거는 등 견제에 나선 것도 새로운 현상으로 지적됐다고 전했다. 금융위기 재발 방지를 위해 도입된 도드-프랭크 금융개혁법에 따라 주주들이 6년마다 최소 한 차례 기업의 보상 정책에 표결로 의사 표시를 할 수 있게 된 것은 이 같은 현상을 뒷받침했다. 이퀼러가 스탠더드&푸어 500지수 해당 기업 모두를 대상으로 조사한 결과 2011년 현금 보상은 전년보다 6.8% 감소한 반면 주식 보상은 10.7% 늘어났다.

미국 델라웨어대학의 와인버그 기업지배구조센터 찰스 엘리슨 소장은 "경영진 보수의 급상승은 기업 윤리를 해칠 수 있으며 일반 직원에게는

'CEO 보수가 20% 늘어난 반면 난 왜 2% 상승에 그쳐야 할까'라는 의문을 갖게 할 것"이라고 지적했다.

— 출처 : 《아시아투데이》, 2012. 6. 17.

이제 회장이나 CEO의 반대편에 있는 사람의 이야기를 들어보자.

나는 스프링을 만드는 작은 가내수공업 공장의 직공이다. 공고를 졸업하고 군대를 갔다온 뒤 어렵사리 이 공장에 취직했다. 사장을 포함해 전 직원이 18명인 우리 회사는 다행히 대기업의 2차 하청업체이기 때문에 회사는 그럭저럭 유지되고 있다. 일을 시작한 지 2년이 채 안 된 나는 보조 직공으로 반장의 보좌 역할을 한다.

아침 9시에 업무를 시작해 오후 5시 30분 즈음이면 하루 일과가 마무리된다. 30분 동안 정리를 하고 대략 6시 20분 정도면 퇴근을 한다. 간혹 야근이 있기는 해도 한 달에 두세 번에 불과하다.

말이 기계공이지 사실은 회사의 모든 허드렛일을 하는 사환의 일이 더 많다. 청소부터 시작해 기계 조립, 수선, 공구 정비, 운반, 배달, 운전 등 모든 일을 한다. 화장실 청소도 내가 직접 하며 한 달에 한 번씩 대청소를 한다. 어떤 때는 내가 기계공인지 가제트인지 혼란스러울 때도 있다.

하지만 일은 즐거운 편이다. 보조 역할이기 때문에 스트레스가 많지 않고, 업무에 책임을 질 일도 사실상 없다. 그저 '시키면 시키는 대로' 하면 되는 것이다. 일이 끝나면 직원들과 회사 앞 삼겹살 집에서 소주를 마시는 재미도 쏠쏠하다. 딱히 바쁘지 않으면 토요 휴무이기 때문에 친구들과 등산도 자주 가고 가족들과 금요일 저녁에 여행을 떠나 일요일에 돌아오기도 한다. 아직 결혼을 하지 않았으나 곧 결혼을 할 예정이며, 미래를 위해 내년부터는 방송통신대학교에도 등록할 계획이다.

회사가 전혀 문제가 없는 것은 아니지만 그런대로 잘 극복해나가고 있다. 매출에 대한 부담이 없고 공장 직원들의 인화력도 좋아 내부 갈등도 없다. 하지만 기름때가 묻은 작업복을 입고 시더분한 일을 하고 있노라면 마음속에서 화가 치밀기도 한다. 나름대로 열심히 일하지만 회사 매출의 한계 때문에 급여가 많지 않고 복지 혜택도 그만큼 적다. 공장의 비숙련 노동자로서 현재 나의 연봉은 1,400만 원이다. 내가 기름밥 먹어가면서 일하는 것에 비하면 너무 적은 보수다.

과연 이 노동자의 말처럼 그는 월급이 너무 적을 것일까, 아니면 적정한 것일까? '88만 원 세대'라는 말이 보여주듯이 한 달 내내 일하고도 88만 원을 받는 사람들이 널려 있는 현실에서 정규직으로 일하는 그는 행복한 편 아닐까?

《88만 원 세대》의 저자 우석훈과 박권일(2007:20~21)은 불안한 고용 현실의 승자 독식의 사회에서 현실적인 배틀로열Battle Royale 게임을 벌이고 있는 20대를 지칭하는 용어로 '88만 원 세대'를 사용했다. 당시의 비정규직 평균 임금 119만 원에 전체 임금과 20대의 임금 비율인 74%를 곱한 금액인 88만 원에 상징적인 의미를 더해 2007년 전후 20대를 '88만 원 세대'로 지칭한 것이다.

88만 원 세대란 도대체 무슨 뜻인가?

경제 시스템의 안정성과 효율성의 저하로 불균형과 획일성이 그 자리를 대신한 경제 환경은 중소기업과 자영업의 경제 기반 붕괴와 함께 생산 자본과 유통 자본의 독과점화를 낳았다. 이로 인한 좋은 일자리의 부재는 상위 10% 직업에 대한 과잉 경쟁을 일으키고 세대 간 불균형과 경쟁을 불가피하게 한다. 경제의 획일적 규모화로 인한 문화와 산업의 다양성 부족은 성실하게 경제생활에 임한 사람들에게 적절한 기회와 다양한 패자부활전의 기회를 앗아갔으며, 미래보다는 현재의 이익 달성과 비용 절감에 관심을 두고 비정규직을 확대해가는 기업의 고용 관행은 2%의 강자만이 살아남는 승자독식의 경쟁 사회를 낳았다. 88만 원 세대는 이러한 세태를 반영하며 40~50대와의 불리한 경쟁관계에 놓인 세대를 의미한다.

— 출처 : 우석훈·박권일, 《88만 원 세대》, 레디앙미디어, 2007.

소득 격차의 놀라운 현실

2012년 금융감독원의 전자공시 시스템에 따르면 2011년 100대 기업 전체 등기이사의 1인당 평균 연봉은 8억 5,000만 원으로 대기업 직원 평균 연봉 5,700만 원보다 평균 14.9배 더 많다. 등기이사의 평균 연봉을 중소기업 직원과 시급 근로자의 그것과 비교하면 각각의 소득 격차는 더 크게 벌어진다. 300인 미만 중소기업의 1인당 월평균 임금이 265만 6,000원임을 감안할 때 중소기업 평균 연봉은 3,187만 원이며, 현재 시간당 최저 임금 4,580원을 받는 사람이 하루 8시간씩 주 5일 일할 때 연봉은 935만 원이다. 이 경우 대기업 등기이사는 중소기업 직원보다 26.7배 많이 받고 시급 근로자보다는 무려 89.2배 더 많이 받는다. 대기업 직원은 중소기업 직원보다 1.8배, 시급 근로자보다 6배 많이 받고, 중소기업 직원은 시급 근로자보

표 1 | 대기업 등기이사와의 평균 연봉 비교

구 분	대기업 등기이사	대기업 직원	중소기업 직원	시급 근로자
평균 연봉	8억 5,000만 원	5,700만 원	3,187만 원	953만 원
대기업 직원의	14.9배	-	-	-
중소기업 직원의	26.7배	1.8배	-	-
시급 근로자의	89.2배	6.0배	3.3배	-

- 출처 : 금융감독원 전자공시 시스템, 고용노동부.

다 3.3배 더 많이 받는다.

이도 놀랍지만 2011년 가장 많은 연봉을 받은 삼성전자 등기이사의 평균 연봉과 비교하면 그 차이는 실로 놀라운 수준이다. 2011년 삼성전자 등기이사 3명은 1인당 평균 109억 원을 받았다. 이는 삼성전자 직원 평균 연봉 7,800만 원의 140배이며, 시급 근로자에 비해서는 1,160배 이상에 달하는 금액이다.

이 엄청난 소득 격차 사이 어디 즈음에 나의 임금 수준이 한 점을 차지하고 있을 것이다. 아마도 이 글을 읽고 있는 독자가 삼성과 같은 대기업의 등기이사가 아니라면 그들의 소득 수준에 매우 놀라워하며 부러워할 것이다. 또 한편으로는 나의 소득은 이들에 비해 적정한 수준일까? 너무 적거나 많은 것은 아닐까? 실제로는 대부분의 사람들이 자신보다 소득이 더 많은 경우와 비교할 것이므로 더 적은 것은 아닐까에 대한 의문을 가질 수도 있을 것이다.

2009년 한국종합사회조사(성균관대 서베이리서치센터)에서 현재 또는 최근 받은 보수에 대해 응답자의 49.7%가 기대 보수(내가 받아야 할 보수)보다 적다고 응답했고 44.7%는 기대 보수와 같다고 응답한 반면 5.6%만이 기대 보수보다 많다고 응답했다.

그림 1 | **최근 받은 보수에 대한 만족도**

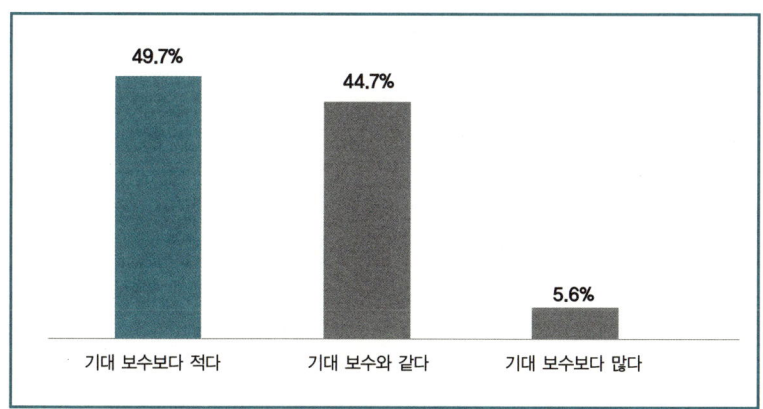

응답자 자신의 능력이나 노력에 비추어볼 때 현재 또는 최근 받은 소득에 대해서도 기대 소득(내가 받아야 할 소득)보다 적다는 응답이 51.1%로 가장 많았고, 기대 소득과 같다는 응답이 43.9%였으며, 기대 소득보다 많다는 응답이 5%로 가장 낮았다.

이상과 같이 응답자의 대부분은 자신이 받은 보수나 소득이 기대

그림 2 | **최근 받은 소득에 대한 만족도**

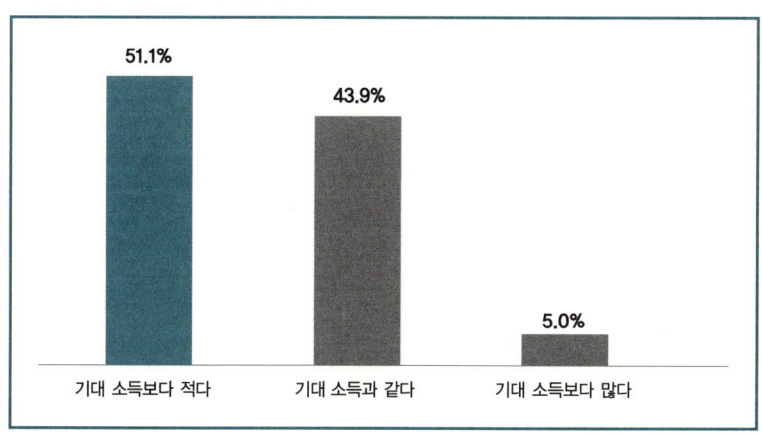

보다 적다고 평가했다. 일반적으로 직업을 가진 모든 사람들은 자신이 제공한 노동력의 대가로 보수라는 보상을 받게 되는데, 이때 노동력을 제공한 사람은 자신이 제공한 노동력에 대해 일정 수준의 보상을 기대한다. 이 기대 보상과 실제 보상과의 비교를 통해 우리는 자신이 받은 보상이 적은지 또는 많은지, 공정한지 또는 불공정한지 등을 평가하는 준거를 갖게 된다.

여기서 기대 보상과 실제 보상은 막연히 받고 싶은 또는 주고 싶은 금액이 아니라 노동력의 제공과 보상이라는 오랜 교환 경험을 통해 축적된 사회적 행위다. 그러나 일상생활에서 기대 보상과 실제 보상의 비교는 매번 수치적 환산이나 계산을 통해서 이뤄지는 것이 아니라 인지적 차원에서 빈번하게 이뤄지기 때문에 기대 보상과 실제 보상에 대한 비교 역시 인지적 차원에서 다뤄질 필요가 있다.

인지적 차원의 신뢰성에 관해서는 한 TV 드라마에 등장한 재미있는 에피소드를 통해 살펴볼 수 있다. 다음 인용문은 SBS에서 방영된 〈추적자〉라는 드라마 속에 등장한 서 회장이라는 인물이 TV 화면에 등장한 투표 화면을 보고 아들 영욱에게 한 대사다.

"영욱이 니는 황소 1마리가 몇 근이나 나가는지 아나? 황소 1마리 내놔 놓고 '몇 근이나 나가노?' 하면 어떤 놈은 '100근이라 하고, 어떤 놈은 500근 나간다 한다. 다 지 입에서 나오는 대로 말하는 기다. 그칸데 영욱아, 100명한테 평균을 내보면 희한하게 얼추 맞추는기라. 1,000명한테 물어봐서 평균을 내면 더 비슷하게 맞추는기라."

— 출처 : 2012년 방영 SBS TV 드라마 〈추적자〉 제15회에서 서 회장의 대사

이 대사는 1906년 영국 서부 지역의 한 가축박람회에서 열린 황소 무게 맞추기 대회에서 수집된 자료를 통해 민주적 절차와 그로 인한 판단에 대한 신뢰성을 설명하고자 했던 유전학자 프랜시스 골턴 Francis Galton의 시도에 대한 패러디다. 대회에 참가한 800여 명의 사람들이 추정한 황소 무게의 범위는 1,074~1,293파운드로 중간값은 1,207파운드였다. 이 값은 실제 무게인 1,198파운드에서 1% 미만의 차이밖에 나지 않았다.

골턴은 황소 무게에 대한 많은 사람들의 추정값이 실제값과 매우 가깝다는 사실을 통해 민주적 판단에 대한 신뢰성을 환기하고자 했다. 골턴의 이 시도는 집단 지성의 효용성을 설명해주는 대표적 사례 중 하나로 이후 스콧 페이지Scott Page에 의해 다시 한 번 수학적으로 입증됐다(렌 피셔, 2012).

많은 사람들의 교환이라는 사회적 경험을 통해 이뤄지는 보상에 대한 인지적 차원 역시 같은 맥락에서 신뢰성을 갖는다. 즉 기대 소득과 보상 소득에 대한 다수의 추정값은 실제값에 근사하게 된다.

나의 소득은 공정한가

일반적으로 직업을 가진 모든 사람들은 자신이 제공한 노동력의 대가로 임금을 받는다. 이 임금은 사람들이 제공한 노동력의 가치만큼 주어질까? 모든 사람에게 일한 만큼의 임금이 주어진다면 얼마만큼의 금액이 주어져야 공정한 걸까? 또한 같은 금액을 받은 같은 직급의 모든 사원은 똑같은 크기로 자신이 받은 임금에 만족하거나 공정하다고 생각할까? 업무 수행 능력에 차이가 있는 두 직원에게 같은 임금을 지불하는 것은 공정한가? 사장과 직원 사이의 임금 격차, 동종 업계의 다른 회사와의 차이 또는 전혀 다른 조건의 타인과의 임금 격차는 개인들의 소득 관련 인식에 어떤 영향을 미칠까?

매월 정해진 날짜에 은행 통장에 1줄로 인쇄되는 숫자들이 내포하고 있는 의미는 사실 그리 녹록지 않다. 이제 막 직장인 1년차가 된 김 사원의 에피소드를 통해 기대 보상과 실제 보상으로부터 각 개인들이 갖는 소득 공정성과 소득 불평등에 대한 인식에 대해 살펴보자.

새 넥타이를 매며 김 사원은 은근히 미소를 지었다. 오늘, 대학 졸업 후 2년 만에 처음으로 대학 동창 모임에 참석하기 때문이었다. 대학을 졸업하고 1년 동안 취업 준비생으로 지냈을 때는 장피한 마음에 모임에 참석하지 않았고, 취업 후 1년까지는 일이 너무 바빠 참석하지 못했다. 일 핑계를 댔지만 사실은 중소기업 직원이라는 자신의 처지가 어쩐지 부끄럽다는 마음이 적지 않게 작용한 것도 사실이다. 그러나 일주일 전에 걸려온 친구의 전화가 이런 마음을 바꿔주었다.

"누구는 뭐 특별히 좋은 회사 다니니? 물론 우리 동창 중에 대기업 다니는 애도 있지만 모두 대기업 사원일 수는 없지. 너나 나처럼 중소기업 직원도 있고, 선생님도 있고, 구멍가게 직원도 있어야 사회가 돌아가지. 또 네가 중소기업에 다닌다고 해서 너의 가치를 얕잡아보는 사람은 아무도 없어."

맞는 말이었다. 그 말에 마음을 고쳐먹은 김 사원은 저녁 모임에 참석하기로 했다. 또 사실 그의 마음에는 이 어려운 시기에 취업난을 뚫고 샐러리맨이 됐다는 것 자체에 대한 자부심도 자리 잡고 있었다. 비록 중소기업이지만 이곳에 들어오기 위해 지난 1년간 얼마나 많은 노력을 했던가. 명함에 찍힌 이름을 바라보면 슬며시 웃음이 나오는 것도 사실이다.

졸업 후 2년 만에 만난 친구들은 모두 그 옛날의 캠퍼스 시절로 돌아가 즐겁게 이야기를 나누고 술을 나눴다. 현재의 고민과 스트레스는 잠시 내려놓고 청춘의 피가 끓었던 학창 시절로 돌아갔다. 그렇게 1~2시간이 지났을 때 누군가 말했다.

"우리 회사는 말이다. 아침부터 밤까지 직원들을 닦달해서 실적을 올리게 해. 스트레스가 장난이 아냐."

"그렇게 일을 많이 시키면 월급도 많이 주겠네."

"그러면 군말 없이 일하지. 이번에 특별 보너스가 나왔는데 겨우 150%야."

"150%면 많은 것 아닌가? 너 연봉이 얼마나 되는데?"

"이것저것 합치면 3,000이 조금 넘지."

그 말을 듣고 김 사원은 깜짝 놀랐다. 비록 그가 자신보다 1년 먼저 직장 생활을 시작했다는 점을 감안한다 해도 급여 차이가 적지 않았다. 김 사원의 연봉은 이제 2,400이었다. 거기에서 각종 세금을 제하면 실수령액은 한참 아래로 내려갔다. 같은 학번인데도 벌써 600만 원의 차이가 나면 10년 후에는 더 크게 벌어질 것이었다. 즐거웠던 마음은 순식간에 사라졌다. 그런 김 사원의 마음을 아는지 모르는지 친구들은 연봉 이야기에 열을 올렸다.

"3,000이면 많이 받네."

"3,000이 뭐가 많아. 오늘 여기 안 나온 홍영철은 4,000 가까이 된다고 하더라."

"걔는 일류 대기업이니까 그렇지."

"하지만 걔가 우리보다 공부를 더 잘했던 것은 아니잖아. 운이 좋아서 입사 시험을 통과한 것뿐이지. 말 들어보니 회사에서 딱히 큰일을 하는 것도 아니던데."

"학점하고 사회생활하고는 관계없는 거야. 마찬가지로 일하는 수준과 월급하고는 그다지 큰 상관관계가 없어."

"그래도 일을 더 많이 하는 사람이 월급을 더 받게 돼 있어."

친구들의 갑론을박을 들으며 김 사원은 자신의 현재 처지를 곰곰이 생각해보았다. 직원 350명의 중소기업에서 그는 자긍심을 가지려 노력하고 있으며 현재의 위치에 만족하고 있다. 친구들이 각자 자신의 회사에 만족하고 있는지, 마지못해 다니고 있는지 확신할 수는 없지만 한 달 후 받는 결과는 판이하게 다르다. 그 또래의 직원들은 직급이 비슷하며(모두 사원급) 업무 강도 역시 비슷하다. 비슷한 근무 기간과 업무 강도, 비슷한 학력 조건과 연령을 비교해보면 김 사원의 월급은 분명 적었다.

"대기업 수익이 중소기업 수익보다 더 많은 것은 분명해. 그러면 직원도 월급을 더 많이 받게 돼 있어. 중소기업 직원이 대기업 직원의 월급을 바랄 수는 없지. 그런다면 바보거나 지나친 이상주의자거나 터무니없는 욕심쟁이지."

"하지만 두 사람이 일하는 시간과 노동 강도는 비슷해. 중소기업은 대기업보다 지출 비용이 적으니까 어느 정도는 비슷한 수준으로 맞출 수는 있지. 단지 중소기업이라 해서 회사가 수익이 많은데도 월급을 적게 주는 것은 잘못이야."

김 사원은 그들의 말을 들으면서 누구의 말이 맞는지 확신할 수는 없지만 능력과 노동 강도에 비해 자신의 보수가 적다는 사실만은 확실했다. 친구는 '네가 중소기업에 다닌다고 해서 너의 가치를 얕잡아보는 사람은 아무도 없어'라고 말했지만 이제 '네가 중소기업에 다니니까 너의 가치를 얕잡아보는 거야'라는 자조적 느낌마저 들었다.

직장에서 성실하게 일하는 김 사원은 얼마의 임금을 받아야 할까? 1차원적으로 간단하게 말하자면 일한 만큼 받으면 된다. 일한 만큼 임금을 지불하려면 먼저 일한 만큼을 돈으로 환산할 수 있어야 한다. 그러나 일한 만큼을 돈으로 환산하는 것은 결코 간단한 문제가 아니다. 김 사원은 회사에서 다양한 업무를 처리한다. 모든 사원에게 같은 업무에 대한 같은 보상이 이뤄지려면 모든 업무 형태마다 보상 수준이 정해져 있어야 하고, 업무 수행 횟수를 셀 수 있어야 한다.

이 문제가 해결되더라도 또 다른 문제가 형평성을 해칠 수 있다. 예를 들어, 같은 업무에 대해 김 사원은 능숙하게 잘 처리했지만 다른 직원은 실수를 하거나, 해내기는 했지만 완성도가 떨어질 수도 있다. 또 사소한 실수가 장기적으로는 회사에 손실을 끼칠 수도 있고, 역으로 회사에서의 업무 스트레스가 김 사원의 정신적·신체적 문제를 일으키고 있는지도 모른다. 더구나 돈으로 환산된 보상이 김 사원이 만족할 만한 수준인지 아닌지도 알 수 없다. 현실적으로 일한 만큼을 돈으로 환산하는 것은 매우 난해한 문제다. 그러나 우리는 우리가 하는 일에 대해 '얼마'를 받아야 한다거나 받으면 좋겠다는 기대를 하게 돼 있다. 이 기대 소득은 어떻게 정해질 수 있었을까?

그림 3 |

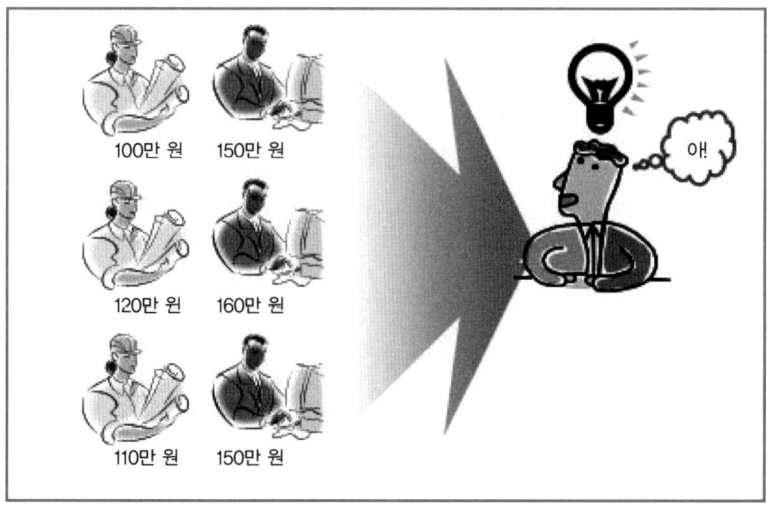

　호먼스(Homans, 1961)에 따르면 기대 소득은 반복적인 경험에 의해서 산출된다. 노동시장에서 김 사원과 같은 사람들이 노동력을 제공하고 받은 임금, 즉 노동력과 임금의 교환 경험이 누적되고 반복되면 그 경험을 토대로 자신이 받게 될 소득을 예상하거나 기대하게 된다는 것이다.
　김 사원이 노동력을 제공하고 받은 임금이 공정한지에 대한 평가는 다른 사람과의 비교를 통해 알 수 있다. 김 사원의 노동력에 대한 보상이 똑같은 업무를 수행한 다른 직원의 노동력에 대한 보상과 같으면 김 사원은 그 보상이 공정하다고 생각할 것이다. 만일 다른 직원보다 적으면 화가 날 것이고, 반대로 많으면 다른 직원에게는 미안하겠지만 기분이 좋을 것이다.
　그렇다면 똑같은 업무가 아니거나 다른 직급의 사람과 비교할 때

| 그림 4 |

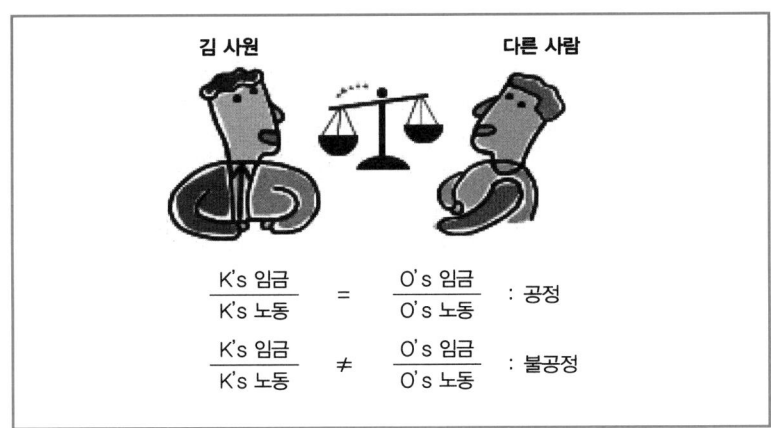

는 어떻게 김 사원이 받은 임금이 공정한지 알 수 있을까? 애덤스 (Adams, 1965)는 자신의 투입에 대한 보상 비율과 타인의 투입에 대한 산출 비율이 같으면 공정하고, 그렇지 않으면 불공정하다고 말했다.

만약 김 사원이 100만 원짜리 노동력을 제공하고 110만 원의 임금을 받고, 김 사원의 과장은 200만 원짜리 노동력을 제공하고 220만 원을 받았다고 한다면, 둘이 받은 임금은 110만 원과 220만 원으로 큰 차이가 있지만 각자가 제공한 노동력에 비해 모두 1.1배 더 많이 받았으므로 김 사원의 임금은 과장의 임금과 비교했을 때 공정하다고 할 수 있다.

그러나 현실에서는 김 사원과 과장의 노동력이 '얼마'인지 가늠하기 어렵기 때문에 자신과 다른 사람들의 축적된 교환 경험을 토대로 자신과 유사한 조건의 다른 사람과 비교하는 것이 일반적이다. 투입된 노동력의 가치가 모두 같다면 임금을 비교하는 것만으로도 공정

| 그림 5 |

$$\frac{실제\ 임금}{기대\ 임금} = 1 : 공정$$

$$\frac{실제\ 임금}{기대\ 임금} \neq 1 : 불공정$$

성을 평가할 수 있다. 이 전제를 가정으로 마코프스키(Markovsky, 1985)는 개인의 기대 보상과 실제 보상이 같으면 공정하고, 그렇지 않으면 불공정하다고 한다. 다시 말해, 김 사원이 받고자 기대했던 임금과 실제 받은 임금이 같으면 공정하고, 많거나 적으면 불공정하다고 평가한다.

 그런데 여기에 약간의 문제가 있다. 산술적으로는 분명히 기대 임금보다 실제 임금이 적은 경우와 많은 경우가 모두 불공정하지만 감정적으로는 그렇지 않을 수 있다는 것이다. 실제 임금이 기대 임금보

| 그림 6 |

$$\frac{실제\ 임금\ 80만\ 원}{공정\ 소득\ 100만\ 원} \neq 1 : 불공정!!$$

$$\frac{실제\ 임금\ 120만\ 원}{공정\ 소득\ 100만\ 원} \neq 1 : 덜\ 불공정??$$

다 많았을 때 우리는 긍정적 감정들을 느끼게 되는데, 이러한 감정은 불공정 인식을 감소시킨다. 이 때문에 같은 불공정 인식이라도 실제 임금이 기대했던 것보다 더 많았을 때가 적었을 때보다 덜 불공정하다고 느낄 수 있다. 하소(Jasso, 1978)는 이 문제를 해결하기 위해 공정 소득과 실제 임금의 비율에 자연로그를 취해 공정 소득에 대한 실제 임금의 공정성을 평가했다.

소득 공정성과 소득 불평등의 차이

'소득 공정성'이 일한 만큼의 보상이 주어지는가에 초점이 맞춰진 문제라면 '소득 불평등'은 소득의 분배가 평등하게 이뤄졌는가에 초점을 맞춘 문제다.

우리 사회에는 다른 사람에 비해 매우 많은 재산을 가진 부자와 그 반대로 매우 적은 재산을 가진 가난한 사람이 있다. 또 수십억 원대에 이르는 넓은 집에 살며 호화로운 생활을 즐기는 사람이 있는 반면, 하루 몸을 의탁할 주거지나 한 끼를 걱정하며 살아야 하는 사람도 있다. 우리 사회의 가장 부유한 집단과 가장 빈곤한 집단을 비교하는 것은 그 사회의 불평등을 측정하는 보편적 방법으로, 이러한 비교를 통해 소득의 재분배가 평등하게 이뤄지고 있는지 확인할 수 있다.

| 그림 7 |

　오랜 교환 경험에 의해 축적된 우리가 마땅히 받아야 하는 적정 임금(공정 소득)은 내가 받고 있는 실제 임금과 다를 수 있다. 시장 원리에 의해 결정된 임금은 노동력이 과잉 공급될 때는 노동 가치가 저평가되고 따라서 턱없이 적은 임금을 받아야 할 때도 있다. 또는 독점적 지배력을 가진 강력한 기업이나 불평등한 분배 체계를 가진 국가 정책에 의해서도 임금 수준이 달라질 수 있다. 심지어 기업과 정부, 노동시장이 모두 아무런 영향을 미치지 않을 때도 김 사원은 '일한 만큼'의 대가를 받지 못할 수도 있다. 김 사원이 직업을 선택할 때 이미 교육 수준, 연령, 성별, 부모의 사회 경제적 지위가 반영됐기 때문이다.
　개인의 능력과 노력이 같다 해도 '부자이고 교육 수준이 높은 부모'를 둔 김 사원과 '가난하고 교육 수준이 낮은 부모'를 둔 김 사원의 사회 경제적 지위는 다를 수 있다. 부잣집 김 사원이 가난한 집 김 사원보다 더 많은 교육 기회를 가질 수 있다. 더 많은 교육 기회는 더 좋은 직장에 취업할 기회를 확대시키고, 더 좋은 직장은 더 많은 소득을 담보하기 때문에 그렇지 않은 사람에 비해 더 나은 사회 경제적

| 그림 8 |

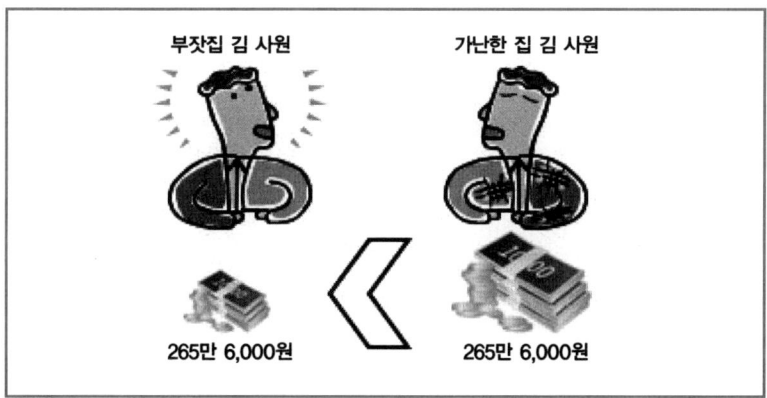

지위를 갖게 된다.

결국 부와 빈곤, 부모의 교육 수준 등이 김 사원의 사회 경제적 지위 결정에 중요한 변수가 된다. 또한 부잣집 김 사원과 가난한 집 김 사원은 자신이 받은 같은 금액의 임금뿐만 아니라 다른 사람들의 임금에 대해서도 다르게 평가할 것이다. 따라서 소득 공정성 또는 소득 불평등에 대해서도 다른 인식을 하게 될 것이다.

켈리와 에반스(Kelly & Evans, 1993)의 연구와 오스틴(Austen, 2003)의 연구에 따르면 직업 지위가 높은 사람들은 직업 지위가 낮은 사람들보다 자신들이 더 많은 보상을 받아야 한다고 주장한다. 또한 헤데이(Headey, 1991)는 개인들의 직업 지위가 공정 소득 평가에 영향을 미친다고 주장한다. 예를 들어, 회사 사장이 된 김 사원과 비숙련 근로자가 된 김 사원은 높은 직업 지위를 가진 사람들과 낮은 직업 지위를 가진 사람들의 소득에 대해 서로 다르게 평가한다. 굳이 사회학자들의 연구가 아니더라도 우리는 지위가 높아지거나 낮아짐에 따라,

또는 자신이 처한 상황에 따라 세상을 보는 눈이 달라지는 사람들을 종종 만난다.

직업 지위가 높은 사람과 낮은 사람이 다른 사람들의 소득 불평등에 대해 어떻게 인식하는지는 소득 공정성 인식에서와 마찬가지로 각 지위에 대한 소득 비교를 통해 알 수 있다. 대기업 회장, 장관, 의사를 직업 지위가 높은 집단으로 분류하고, 점원과 비숙련 근로자를 직업 지위가 낮은 집단으로 분류해 소득, 실제 소득, 적정 소득에 대한 각 지위의 소득 비율을 비교함으로써 각 소득에 대한 소득 불평등 인식을 살펴볼 수 있다.

$$소득 불평등 = \ln\left(\frac{높은 지위의 소득}{낮은 지위의 소득}\right)$$

그림 9 |

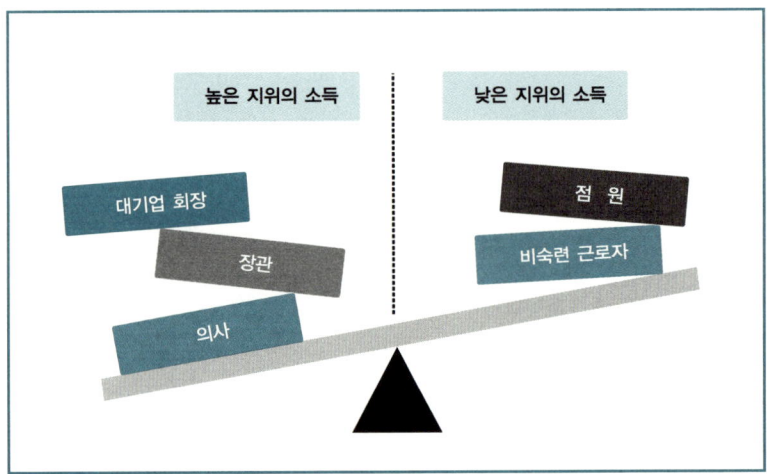

$$\text{실제 소득 불평등} = \ln\left(\frac{\text{높은 지위의 실제 소득}}{\text{낮은 지위의 실제 소득}}\right)$$

$$\text{적정 소득 불평등} = \ln\left(\frac{\text{높은 지위의 적정 소득}}{\text{낮은 지위의 적정 소득}}\right)$$

5개 직업에 대한 소득 공정성 인식

2009년 한국종합사회조사는 응답자들에게 대기업 회장, 장관 등의 몇 개 직업에 대해 이들이 받고 있는 실제 월평균 수입이 얼마나 되는지에 대한 의견과 이들이 받아야 하는 적정 월평균 수입에 대한 의견을 조사했다. 이 조사 결과에 따르면 각 직업별 소득에 대해 대기업 회장은 적정 소득에 비해 3.7배, 장관은 1.5배, 의사는 1.4배 더 많이 받는 것으로 인식하고 있으며, 점원은 0.8배, 비숙련 근로자는 0.7배 덜 받는다고 인식하는 것으로 나타나 직업 지위가 높을수록 적정 소득에 비해 실제 소득이 많다고 인식하는 것으로 나타났다.

표 2 | **직업별 실제 소득과 적정 소득에 대한 의견**

구 분	실제 소득	적정 소득	실제 소득/적정 소득
대기업 회장	53억 3,178만 원	14억 5,250만 원	3.7
장관	1억 4,810만 원	9,653만 원	1.5
의사	1억 3,209만 원	9,741만 원	1.4
점원(가게 또는 매장)	1,669만 원	2,199만 원	0.8
공장의 비숙련 근로자	1,470만 원	2,067만 원	0.7

* 각 소득은 전체 표본에서 1% 절사평균값임.

그림 10 |

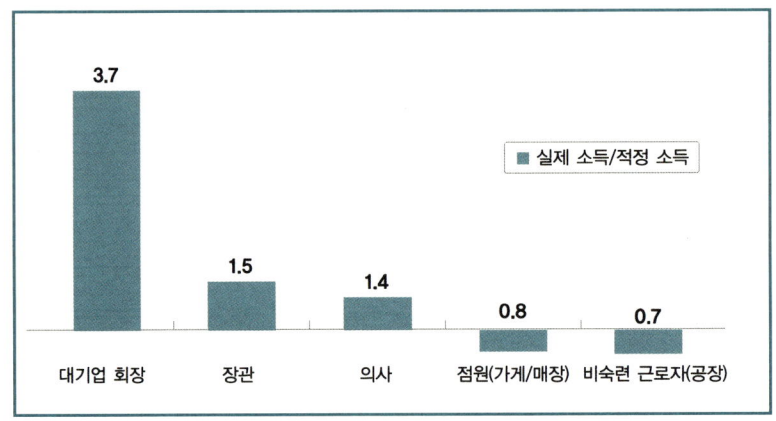

그렇다면 이제는 하소의 공식대로 실제 소득과 공정 소득의 비율에 자연로그를 취해 구해진 소득 공정성을 살펴보자. 하소(Jasso, 1978)의 소득 공정성 공식은 실제 소득과 공정 소득의 비율에 자연로그를 취한 값이기 때문에 결과값이 0에 가까울수록 공정하며, 0에서 멀어질수록 공정성이 낮아진다.

분석 결과에 따르면 대기업 회장의 소득 공정성이 가장 낮고, 다음으로 장관과 비숙련 근로자, 의사, 점원의 순서로 나타났다. 조사

표 3 | 직업별 소득 공정성 인식

구 분	직업별 소득 공정성 인식
대기업 회장	0.87
장관	0.41
의사	0.32
점원	0.32
비숙련 근로자	0.36

| 그림 11 |

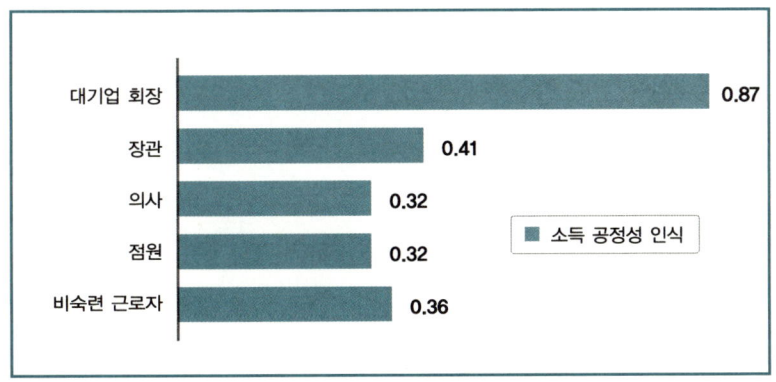

결과 한국인은 임금 격차의 양극단에 있는 직업, 다시 말해, 임금이 아주 많거나 아주 적은 직업군에 대해 더 공정하지 못하다고 평가하는 것으로 나타났다.

대기업 회장의 소득 공정성에 대한 평가는 다른 직업에 비해 불공정 인식이 상대적으로 더 높다. 성별로는 남성의 불공정 인식이 더 높았고, 연령별로는 20세 미만을 제외하고 대체로 연령이 낮을수록 불공정 인식이 더 높았다. 학력별로는 학력 수준이 높을수록 불공정 인식이 높았고, 직업별로는 기능직/조립직의 불공정 인식이 특히 더 높았다. 소득별로는 400~500만 원 미만의 불공정 인식이 가장 높았다([그림 12] 참조).

장관의 소득 공정성은 대기업 회장보다는 공정하지만 의사, 점원, 비숙련 근로자에 비해서는 불공정한 것으로 평가됐다. 성별로는 여성의 불공정 인식이 더 높았고, 연령별로는 20세 미만을 제외하고 연령이 낮을수록 불공정 인식이 높았다. 학력별로는 중졸 이하에 비

그림 12 | 대기업 회장의 소득 공정성

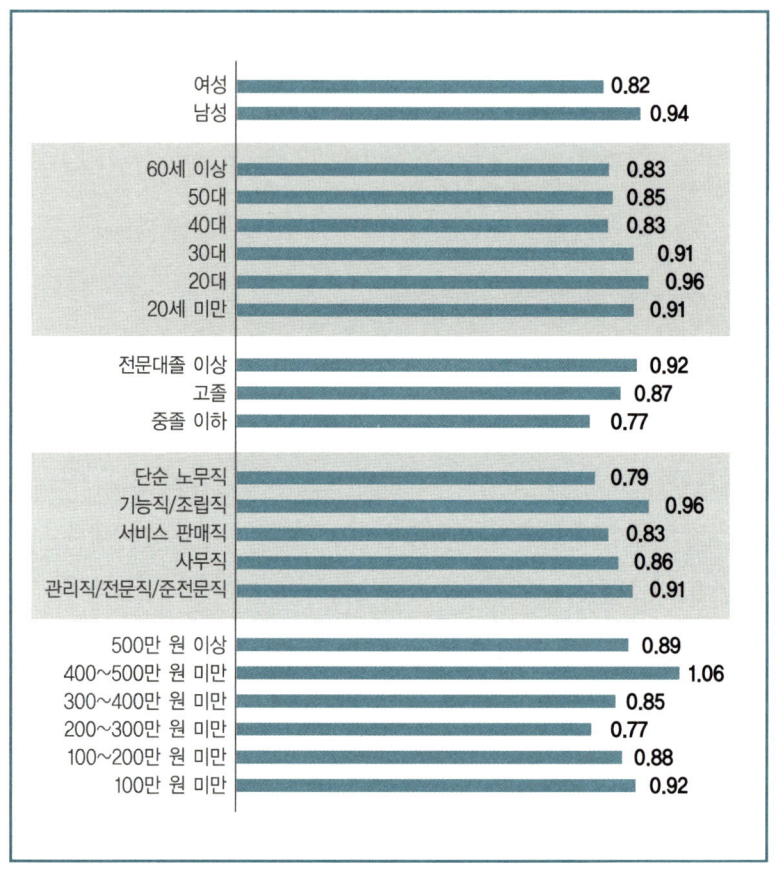

해 고졸 이상의 불공정 인식이 더 높았고, 직업별로는 사무직의 불공정 인식이 가장 높았다. 소득별로는 100~200만 원 미만의 불공정 인식이 가장 높았다([그림 13] 참조).

의사의 소득 공정성은 다른 직업에 비해 대체로 공정한 것으로 평가됐다. 성별로는 여성이 더 공정하다고 인식했으며, 연령별로는 20

그림 13 | 장관의 소득 공정성

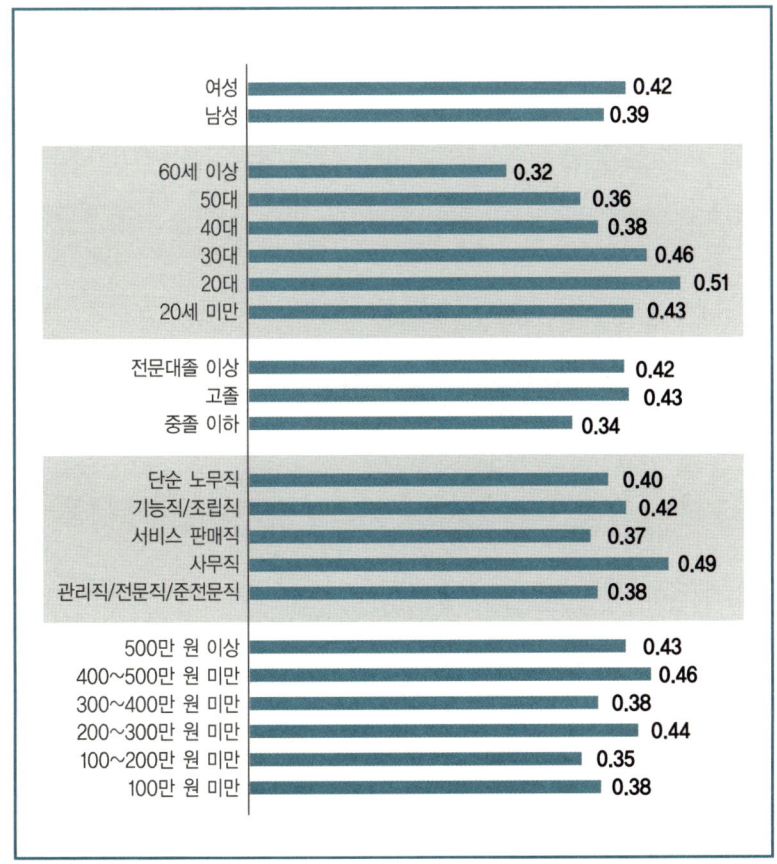

세 미만과 60세 이상이 다른 연령대보다 더 공정하다고 인식한 것으로 나타났다. 학력별로는 중졸 이하가, 직업별로는 단순 노무직인 경우에 더 공정하다고 인식한 반면, 기능직/조립직의 불공정 인식이 가장 높았다. 소득별로는 200~300만 원 미만이 더 공정하다고 인식하는 것으로 나타났다([그림 14] 참조).

그림 14 | **의사의 소득 공정성**

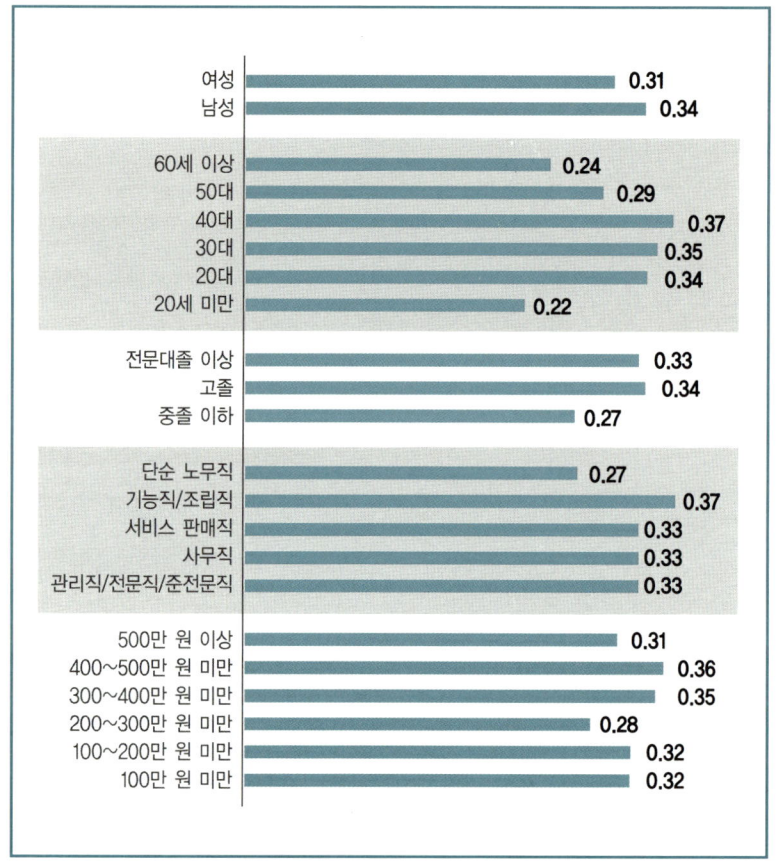

점원의 소득에 대한 공정성 평가는 다른 직업에 비해 비교적 공정한 것으로 평가했다. 점원의 소득에 대해 의사와는 달리 남성이 더 공정한 것으로 평가했다. 연령별로는 20대 이전이 더 공정한 것으로 평가했고, 40대가 가장 공정하지 못한 것으로 평가했다. 학력별로는 중졸 이하가 가장 공정한 것으로 평가했고, 직업별로는 관리직/전문

| 그림 15 | 점원의 소득 공정성

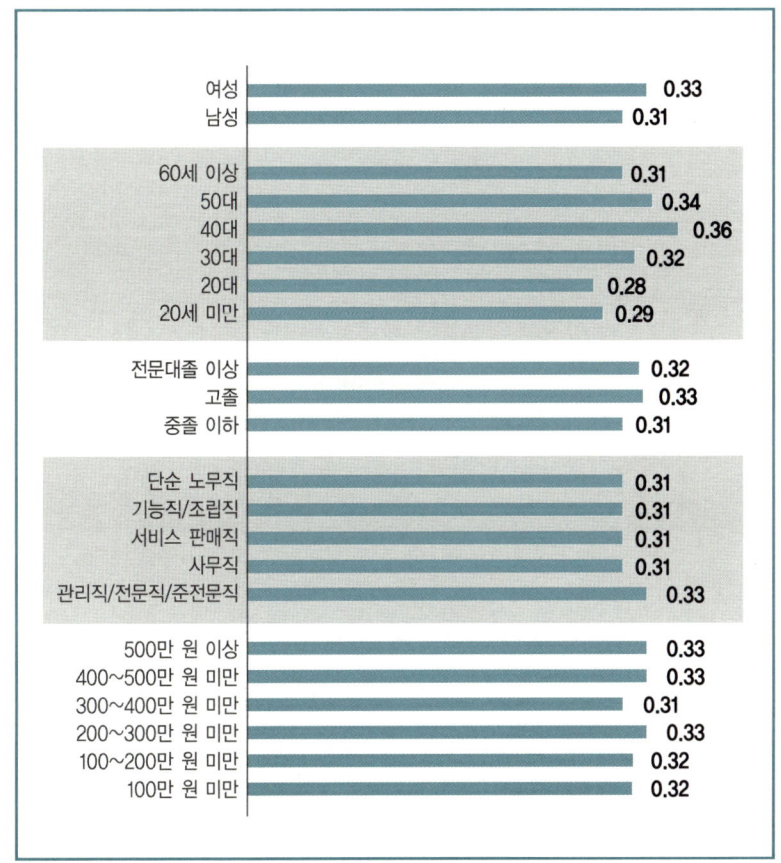

직/준전문직이 가장 공정하지 못한 것으로 평가했으며, 다른 직업의 평가는 유사한 수준이었다. 소득별로는 300~400만 원 미만이 가장 공정하다고 평가했다([그림 15] 참조).

비숙련 근로자의 소득은 다른 직업에 비해 대체로 공정하지 못한 것으로 평가됐다. 성별로는 여성의 불공정 인식이 더 높았고, 연령

그림 16 | 비숙련 근로자의 소득 공정성

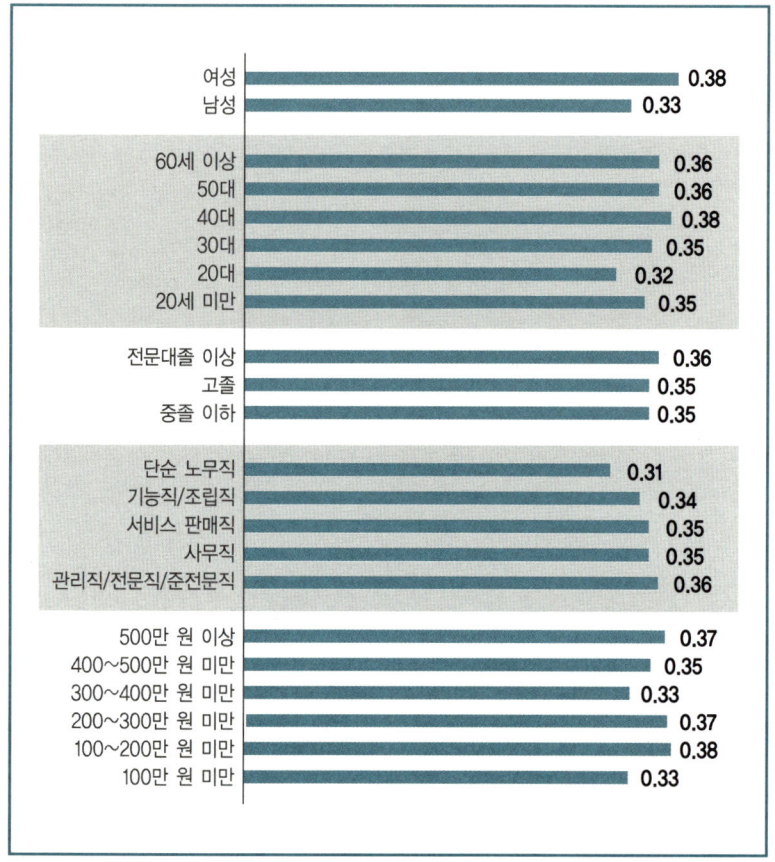

별로는 20대 미만의 불공정 인식이 가장 낮았다. 학력별로는 전문대졸 이상의 불공정 인식이 높았고, 직업별로는 관리직/전문직/준전문직의 불공정 인식이 높은 반면, 단순 노무직은 공정하다는 인식이 더 높았다. 소득별로는 300~400만 원 미만과 100만 원 미만이 더 공정하다고 평가했다([그림 16] 참조).

낮은 지위와 높은 지위의 소득에 대한 공정성 인식

위에서 본 여러 직업을 높은 지위와 낮은 지위로 나눠 각 지위의 소득 공정성 인식을 살펴보면 우리 사회의 양극화된 시선을 더 분명하게 확인할 수 있다. 대기업 회장, 장관, 의사를 직업 지위가 높은 집단으로 분류하고, 점원과 비숙련 근로자를 직업 지위가 낮은 집단으로 분류해 분석해보면 한국인은 낮은 지위보다 높은 지위에 대한 소득이 더 공정하지 못하다고 인식하는 것으로 나타났다.

직업 지위별 소득 공정성 인식에 대한 분석은 낮은 지위보다 높은 지위의 소득이 더 불공정하다고 인식했다. 성별로는 남성의 불공정 인식이 더 높고, 연령별로는 20세 미만을 제외하고 연령이 낮을수록 불공정 인식이 더 높다. 학력별로는 학력이 높을수록 불공정 인식이 더 높고, 직업별로는 기능직/조립직, 사무직, 관리직/전문직/준전문직의 불공정 인식이 높게 나타났다. 소득별로는 400~500만 원 미만

표 4 | 지위별 소득 공정성 인식

구 분	지위별 소득 공정성 인식
높은 지위	0.72
낮은 지위	0.33

그림 17 |

그림 18 | **높은 지위**

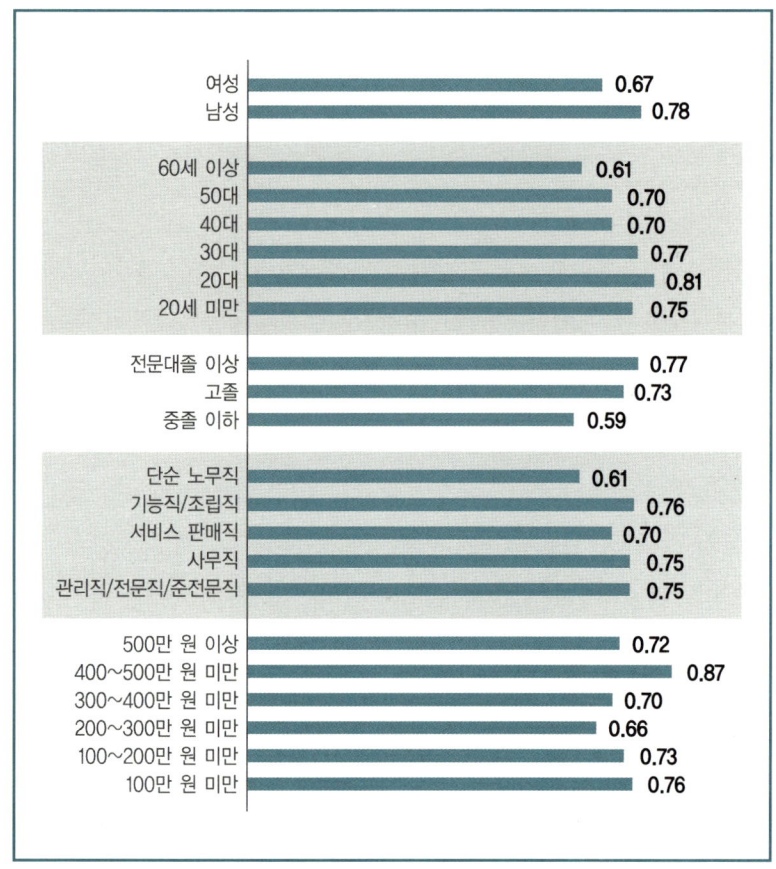

의 불공정 인식이 더 높았다. 반면 높은 지위에 비해 상대적으로 더 공정하다고 평가한 낮은 지위의 소득에 대해 살펴보면 [그림 19]와 같다.

높은 지위에서 남성의 불공정 인식이 높았던 것에 비해 낮은 지위에서는 여성의 불공정 인식이 더 높게 나타났다. 연령별로는 40대의

그림 19 | 낮은 지위

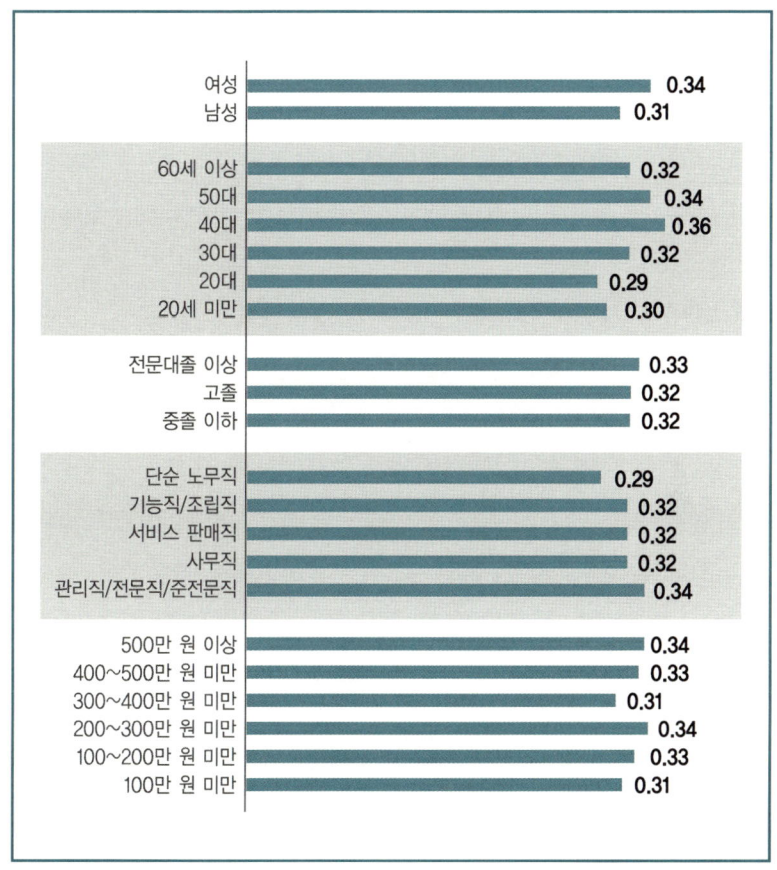

불공정 인식이 높았고, 학력별로는 거의 유사한 수준이었다. 직업별로는 단순 노무직의 불공정 인식이 가장 높았고, 소득별로는 유사한 수준이었지만 300~400만 원, 100만 원 미만의 불공정 인식이 조금 더 높았다.

한국 사회는 불평등한가

2009년 한국종합사회조사에 따르면 '한국은 소득 차이가 너무 크다'는 주장에 대해 응답자의 무려 90.2%가 동의(매우 동의 46.5%, 다소 동의 43.7%)한 것으로 나타나 한국 사회의 소득 격차에 대해 많은 사

표 5 | 한국은 소득 차이가 너무 크다

구 분	매우 반대	다소 반대	동의도 반대도 아님	다소 동의	매우 동의
소득 차이가 크다	1.0%	2.5%	6.3%	43.7%	46.5%

그림 20 |

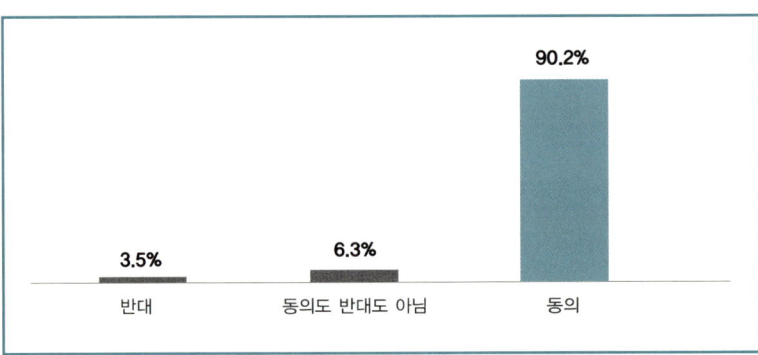

그림 21 | 소득과 재산의 불평등 인식

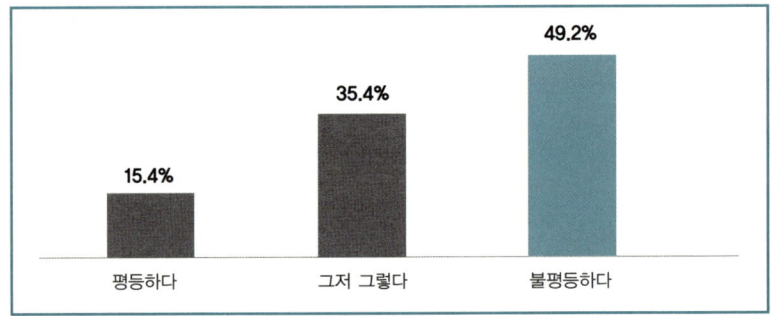

람들이 그 격차가 크다고 생각하는 것으로 나타났다.

소득과 재산의 불평등에 대해서도 평등하다는 응답은 15.4%에 그친 반면, 불평등하다는 응답은 49.2%로 가장 높게 나타나 소득과 재산에 대해서도 불평등하다고 생각하는 사람들이 더 많은 것으로 나타났다.

실제 소득과 적정 소득에 대한 소득 불평등 인식

실제 소득과 적정 소득에 대한 소득 불평등 분석 결과에 따르면 소득 불평등 인식은 적정 소득보다는 실제 소득의 소득 불평등 인식이 더 큰 것으로 나타났다.

실제 소득에 대한 소득 불평등 인식은 성별로는 남성의 불평등 인

표 6 | 실제 소득과 적정 소득에 대한 소득 불평등 인식

구 분	소득 불평등 인식
실제 소득	3.17
적정 소득	2.19

그림 22 |

그림 23 | 실제 소득

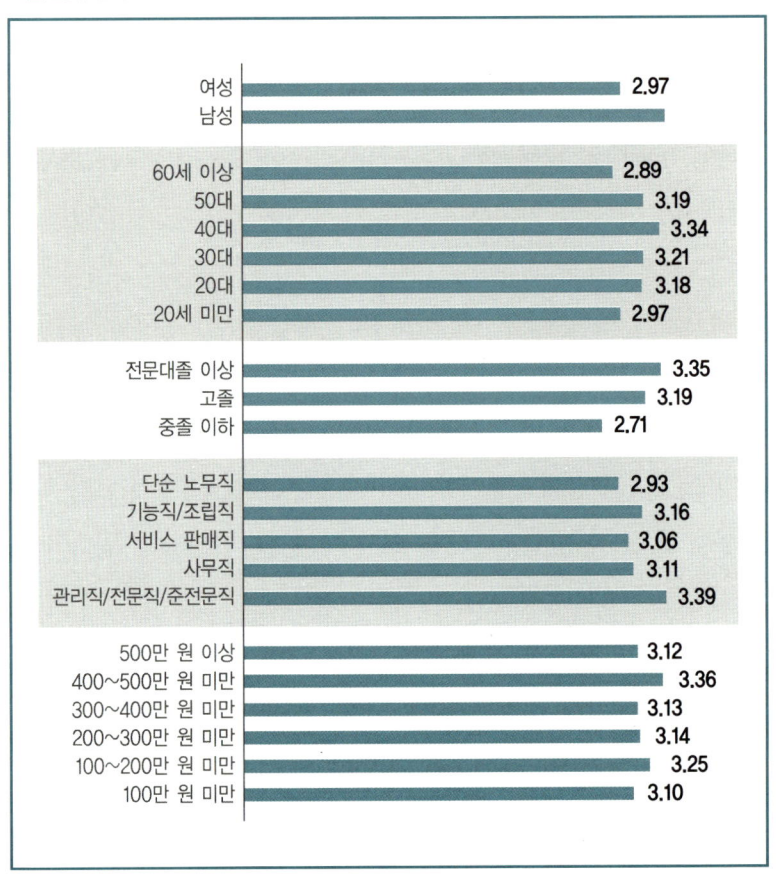

식이 더 높다. 연령별로는 40대의 불평등 인식이 가장 높고, 20세 미만의 불평등 인식이 가장 낮았다. 학력별로는 학력이 높을수록 불평등 인식이 높고, 직업별로는 관리직/전문직/준전문직의 불평등 인식이 높았으며, 단순 노무직의 불평등 인식이 낮았다. 소득별로는 400~500만 원 미만의 불평등 인식이 가장 높은 반면, 100만 원 미만

그림 24 | **적정 소득**

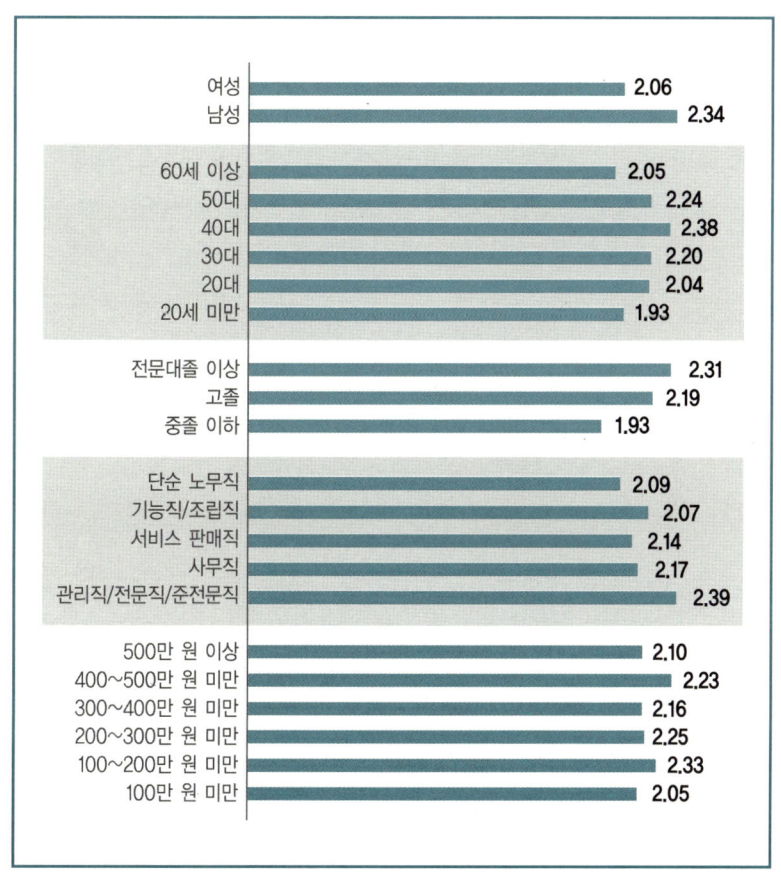

은 가장 낮게 나타났다.

　적정 소득에 대한 소득 불평등 인식은 성별로는 남성의 불평등 인식이 더 높았다. 연령별로는 40대의 불평등 인식이 가장 높고, 20세 미만의 불평등 인식이 가장 낮았다. 학력별로는 학력이 높을수록 불평등 인식이 높고, 직업별로는 관리직/전문직/준전문직의 불평등 인

그림 25 | 불평등 정도

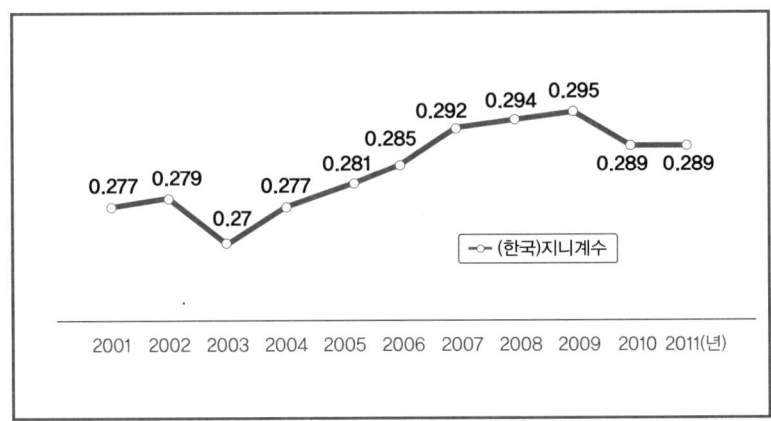

- 출처 : 국가통계포털(KOSIS).

식이 높았으며, 단순 노무직의 불평등 인식이 낮았다. 소득별로는 100~200만 원 미만의 불평등 인식이 가장 높은 반면, 100만 원 미만은 가장 낮게 나타났다.

불평등 정도를 나타내는 또 다른 지표인 지니계수 역시 2003년 이후 지속적으로 증가했으며, 한국종합사회조사의 조사 시점이었던 2009년이 가장 높게 나타났다. 뿐만 아니라 경제협력개발기구OECD는 최근 10년 사이 한국의 소득 불평등이 OECD 국가 중에서 가장 빠르게 악화됐다고 지적한다.

한국개발연구원의 유경준(2012)은 소득 격차의 심화와 함께 빈곤 문제의 심각성을 지적했다. 소득 불평등은 소득 격차를 크게 만들어 사회 구조를 양극화하고 사회 갈등을 유발하며, 빈곤을 대물림한다.

가난한 집 김 사원과 찰리의 넘사벽

영화 〈찰리와 초콜릿 공장〉에서 초콜릿 공장의 사장 윌리 웡카는 공장을 물려줄 아이를 선택하기 위해 5장의 황금 티켓이 든 초콜릿을 전 세계 매장에 배송한다. 우여곡절 끝에 5명의 아이들이 그 황금 티켓을 찾아 웡카의 공장을 방문한다.

아이들 중 아구스투스는 단 것을 좋아해 초콜릿을 너무 많이 먹다 보니 우연찮게 티켓을 구하게 된다. 아버지의 재력을 이용해 막대한 양의 초콜릿을 구입한 베루카는 초콜릿을 개봉하는 일에 아버지의 공장에서 일하는 직원들을 동원해 티켓을 찾는다. 마이크는 초콜릿 공장의 제조일과 판매 경로를 해킹해 티켓을 찾아내고, 바이올렛은 웡카가 제시한 특별상을 타내기 위해 티켓을 찾아낸다. 그에 반해, 찰리는 1년에 한 번 생일에 받는 초콜릿 선물과 우연히 얻게 된 돈으로 초콜릿을 구입해 어렵사리 티켓을 손에 넣게 된다.

웡카의 황금 티켓 찾기는 행운권이나 복권 당첨처럼 모두에게 기회가 있는 것처럼 보이지만 사실은 전혀 그렇지 않다. 찰리를 제외한 4명의 아이들에게는 그들이 원하는 것을 실현시켜줄 부모의 경제력이 있었다. 아구스투스에게는 그의 식탐을 충족시켜줄 부모가 있었고, 베루카에게는 요구를 충족시켜줄 막강한 경제력을 가진 부모가 있었다. 아구스투스와 베루카에 비해 직접적 묘사는 부족했지만 마이크에게는 게임 도구와 컴퓨터를 구입해줄 수 있는 부모가 있었고, 바이올렛 역시 그녀의 승부욕을 지지하고 초콜릿을 사줄 수 있는 부모가 있었다. 그러나 찰리가 가진 것은 극히 제한된 경제력을 가진 부모뿐이었다.

찰리네 집은 전형적인 도시 노동자 가정으로, 할아버지는 웡카의 초콜릿 공장에서 일하다 공장이 문을 닫자 직장을 잃었다. 할아버지의 가난은 아버지에게 이어져, 아버지는 공장에서 불량 치약 뚜껑을 검사하는 단순 업무에 종사하다가 그마저도 치약 공장에 자동화 기계가 들어오면서 실직하고 만다. 아버지의 실직으로 찰리 가정은 생계유지마저 어려워졌고, 찰리가 초콜릿을 구입할 기회마저도 제한된다.

모두에게 기회가 평등하게 주어져 있는 것처럼 보이지만 그 기회의 선택은 결코 평등하지 않았다. 돈도, 권력도 없고, 정보 접근도 제한되고, 우연한 기회조차 얻을 수 없는 절대 빈곤은 개인의 노력으로 극복할 수 있는 문제가 아니다. 찰리에게 주어진 현실의 벽은 넘을 수 없는 4차원의 벽과 다를 바 없다. 중소기업에서 일하는 김 사원이나 우리가 찰리와 같은 상황에 처해 있다면 미래를 위해 무언가를 선택하는 기회 자체가 황금 티켓을 얻는 것만큼이나 행운을 필요로 하는 일일 수도 있다.

풍년거지의 빈곤

사람들은 자신에게 주어진 보상을 다른 사람과 비교한다. 이 비교를 통해 자신에게 주어진 보상에 더 만족하기도 하고 불만족하기도 한다. 한국 속담에 "풍년거지가 더 서럽다"는 말이 있다. 거지 입장에서 풍년이든 흉년이든 얻어먹기는 매한가지고 흉년일 때 얻어먹기가 더 어려울 테니 흉년이 더 서러워야 하지 않겠는가? 그런데도 풍년거지가 더 서러운 까닭은 흉년에는 모두 다 어려우니 용케 빌어온 밥 한 바가지도 귀하지만 풍년이 들어 넉넉한 해에는 풍요로운 사람들이 더 많으니 같은 밥 한 바가지지만 상대적으로 더 볼품없어 보이기 때문이다.

소득 불평등으로 인한 소득 격차는 풍년거지와 마찬가지로 상대적 박탈감을 불러일으킬 수 있다. 김 사원의 에피소드에서 동창 모임

| 그림 26 |

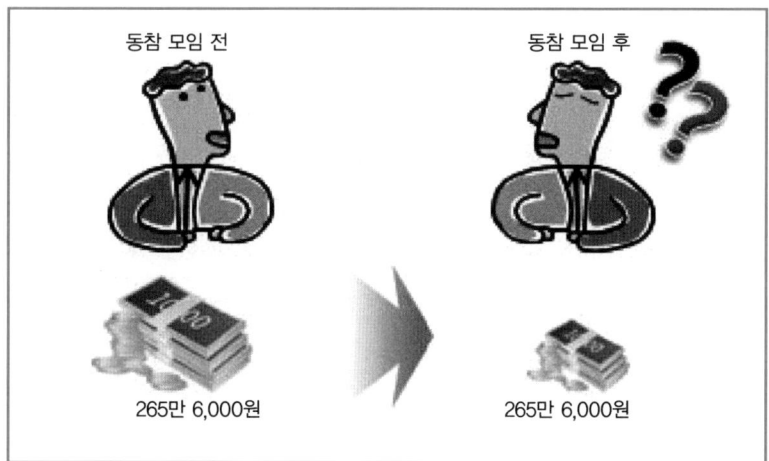

에 참여한 김 사원이 자신의 임금에 불만족하게 된 이유는 더 많은 임금을 받는 동창과의 비교를 통해 상대적 박탈감을 느꼈기 때문이다. 한 사회 내의 극단적 임금 격차는 상대적 박탈감을 유발하고 나아가서는 사회적 갈등을 유발하는 요인이 된다.

2009년 한국종합사회조사에서도 한국 사회의 집단 간 갈등에 대한 우려가 나타났다. 이 조사에서 가난한 사람과 부유한 사람, 노동

표 7 | 집단 간 갈등

구 분	가난한 사람과 부유한 사람	노동자층과 중산층	경영자와 노동자	최상층과 최하층
갈등이 매우 심하다	35.1%	12.4%	41.6%	48.6%
갈등이 다소 심하다	52.4%	48.2%	50.8%	36.1%
갈등이 별로 심하지 않다	11.6%	36.8%	7.1%	11.8%
갈등이 없다	0.9%	2.6%	0.6%	3.5%
합계	100.0%	100.0%	100.0%	100.0%

그림 27 | **집단 간 갈등**

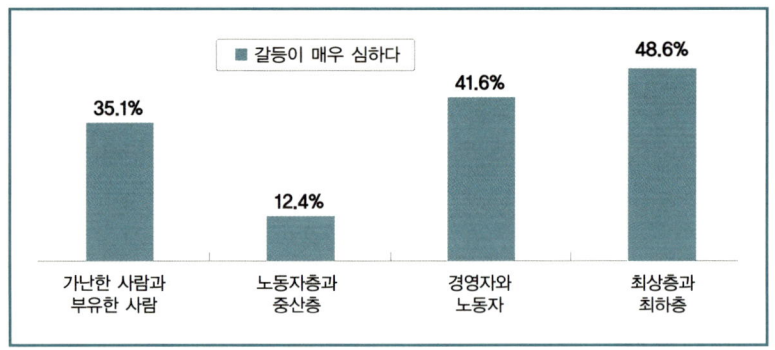

자층과 중산층, 경영자와 노동자, 최상층과 최하층 간의 갈등 정도에 대해 질의한 결과, 각 집단 간 갈등 정도에 대해 '다소 갈등이 있다'거나 '매우 심하다'는 응답 비율이, '갈등이 없다'는 응답에 비해 현저하게 높게 나타났다. '갈등이 없다'고 응답한 비율은 모두 4% 미만에 불과했다. 특히 '갈등이 매우 심하다'고 응답한 경우 중에서는 최상층과 최하층이 가장 높게 나타나 빈부 격차로 인한 갈등 인식이 높은 것으로 드러났다.

그림 28 |

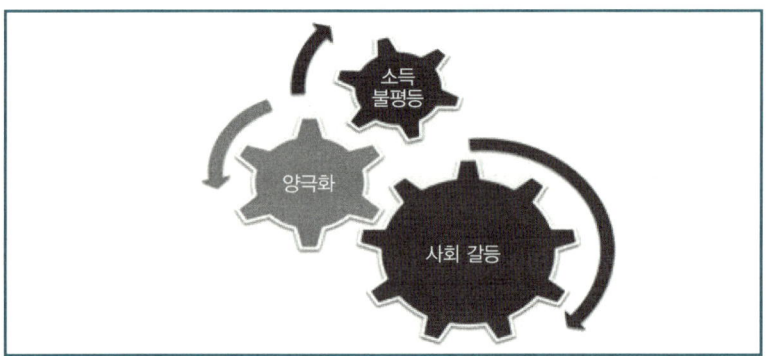

소득 불평등의 더 큰 문제는 이러한 일련의 문제들이 꼬리에 꼬리를 물고 연동하며, 점점 그 규모가 커진다는 데 있다. 소득 불평등은 부자나 정치가, 기업의 문제가 아니라 사회 전체의 문제며, 사회구성원과 구조 전체의 지속적인 관심과 노력이 필요한 문제다. 또한 균등한 기회를 제공하는 기회의 공정성뿐만 아니라 절차와 결과에 대한 공정성도 요구된다. 최근 한국 사회의 화두가 된 공정성은 바로 이러한 필요성의 각성에 대한 표현일 것이다.

| 4장 |

교육 기회와 취업 기회는 공정한가
한국 사회의 기회 공정성

신동준(국민대학교 사회학과 교수)

공정 사회를 위해서는 근본부터 개선해야 한다. 기회균등이 실질적 효력을 발휘하기 위해서는 제반 조건이 평등해야 한다. 따라서 절차 공정성과 더 나아가 분배 공정성이 실질적으로 확보되려면 사회의 불평등 구조부터 개선해야 한다. 심한 불평등 구조는 그대로 놔두고 절차 공정성만을 강조하면 시장자본주의 체제에서 불평등 구조는 갈수록 심화된다.

우리나라에서 교육 기회는 공정한가

오늘날의 한국 사회에서 교육의 의미는 무엇이며, 교육 기회는 모든 사람에게 공정하고 평등하게 열려 있는지를 살펴보기에 앞서 다음의 사례를 보자.

마지막 희망, 우리 아이 사교육을 포기합니다
최씨의 양복점에는 손님이 끊긴 지 오래다. 가게 월세 40만 원을 빼면 한 달에 몇 십만 원 만져보기도 힘들다. 서울 노원구에 자리 잡은 최씨의 양복점에는 옷감 대신 시름이 가득하다. 최씨 부부는 카드 빚을 돌려막으며 생활을 꾸렸다. 어느새 카드 빚은 최씨가 1,000만 원, 남편이 800만 원이다. 낡고 오래되어 1억 원이 간신히 넘는 집으로 담보 대출만 3,000만 원을 받았다. 생활비가 없어 그 집마저 전세를 주고 이웃에 얹혀살았는데, 집을 처분하려고 보니 전셋값 내주기도 빠듯했다. 부부는 최근 신용회복위원회를 찾아 채무 조정 절차를 밟았다. 앞으로 8년간 카드 빚을 나눠 갚아야 한다. 이런 처지에서 늦둥이 명수(13)를 학원에 보내는 일은 '애초부터 무리'였다. 최씨도 잘 알고 있다. 하지만 '중학교 입학을 앞두고 남들은 선행 학습이다, 어학 연수다 바쁜데 아들만 방치할 수 없다'고 생각했다. 동네 학원 '중학교 예비반'의 한 달 수강료는 26만 원. 국어·영어·수학·과학·사회 각 과목의 교재비를 더하니 30만 원이 훌쩍 넘었다. 또 빚을 졌다.

결국 4월에 학원을 포기했다. 넉 달 만이다. 학원 원장은 "이제 막 명수 성적이 나아지고 있는데 아쉽다"고 말했다. 아쉽기로는 원장보다 엄마의 마음이 더했다. 아들 명수는 "학원을 다니니 수학이 좀 이해가 된다"며 엄마 얼굴을 물끄러미 바라봤지만 별수 없었다. 지금 중학교 1학년인 명수의 성적은 중하위권을 맴돈다. 하지만 최씨는 "물가가 올라 제대로 된 반찬을 해줄 돈도 부족한 상황에서 더 이상 사교육에 돈을 쓸 수 없었다"고 말했다. (중략)

대치동에서 10년간 중·고등학생 대상 과학 전문 학원을 운영해온 ㅁ학원 원장 김영민(48·가명) 씨는 지난 2년간 3~4개 기업과 투자 회사로부터 합병과 투자 제의를 받았다. 대부분 투자 제의가 코스닥 상장을 염두에 둔 것이었다. 김씨는 그중 한 곳의 투자 제의를 받아들여 그 투자금으로 현재 초등학교 전문 과학 학원을 준비 중이다.

그의 학원은 최상위권 학생들만을 대상으로 한다. 고등부의 경우 국제과학올림피아드 등 국제 대회를 준비하기 위해 몰려든 과학고 재학생들이 대부분이다. 중등부 수업에는 과학고 입시를 준비하는 학생들이 몰린다. 정원의 2배가 넘는 학생들이 몰리기 때문에 시험을 봐 지원자의 절반을 자른다.

입시 전형 방식의 변화에 따라 학원들은 '업종 변경'을 하기도 한다. 외고 입시 전형에 영어 교과 내신성적 반영이 강화되면서 학교별 맞춤 내신 향상을 위한 전문 학원이 출현하고 있다. 김 원장은 "현재 정부가 사교육비를 줄인다고 하지만 강남 지역의 가정이 지출하는 사교육비에는 아무 변동이 없다"며 "특목고·자사고 등 경쟁 위주의 교육 정책이 계속되는 한 대치동 학원 신화는 계속될 것"이라고 말했다.

— 출처: 〈한겨레 21〉, 제825호, 2010. 8. 27.

강북의 양복점 집 아들 명수와 대치동 과학 전문 학원에서 과학고 입시를 준비하는 학생을 함께 떠올려보자. 이 둘에게 기회가 공정하게 주어지고 있다는 생각이 드는가? 명수도 물론 고등학교에 진학할 수 있다. 과학고에도 지원할 수 있다. 이렇게 보면 명수에게도 교육 기회가 공정하게 주어졌다고 말할 수 있다. 그런데 과연 그럴까?

명수 부모님은 어려운 살림에도 빚을 내면서까지 아들의 교육에 투자했다. 중하위권의 성적이라지만 고등학교 진학에는 아무 문제가 없을 것이다. 그런데도 명수 부모님은 무리를 해서라도 사교육의 힘을 빌리려 했고, 도저히 사정이 여의치 않아 학원을 끊어야 했을 때 안타까운 마음을 감추지 못했다. 아이의 성적이 오르고 아이도 학원을 더 다니기 원하는데도 경제적 사정으로 더 이상 학원을 보내지 못하는 부모의 심정을 많은 이들은 절절이 공감할 것이다. 그 안타까움은 도대체 어디서 기인하는 것일까? 이 땅의 모든 부모들은 아무 고등학교나 들어가기만 하면 되는 것이 아니며, 고등학교만 졸업하면 되는 것이 아니라는 사실을 잘 알고 있기 때문이다.

물론 명수가 과학고에 지원하는 것을 아무도 막지 못한다. 합격 가능성을 이유로, 그리고 경제적 부담을 이유로 선생님이나 부모가 만류할 수는 있다. 그러나 명수에게 과학고를 지원할 자격이나 권리가 없는 것은 결코 아니다. 명수에게도 과학고를 지원할 기회는 동등하게 주어진다. 하지만 명수가 대치동의 과학 전문 학원에서 입시를 준비하는 학생들과의 경쟁을 뚫고 과학고에 들어갈 수 있을까? 들어갈 수는 없겠지만 과학고에 지원할 수 있는 자유와 권리는 있으니 그걸로 만족하라고 명수의 등을 두드리면 과연 위로가 될까? 기회는 공평하게 주어졌으니 공정한 것이라고 믿으며. 과연 우리나라에서 교육 기회는 공정한가? 사람들은 어떻게 생각하고 있을까?

2009년 한국종합사회조사에 따르면 국민의 48.6%가 우리 사회는 교육의 기회가 평등하다고 대답했다. 교육 기회가 불평등하다고 답한 국민은 27.7%에 불과했다. 선뜻 납득이 되지 않는다. 정말 그렇게 많은 사람들이 우리 사회의 교육 기회가 공정하다 생각한다는 말인가? 20여 년 전인 1990년 '불평등과 공정성 조사'에서도 동일한 질문을 했다. 그때 교육 기회가 평등하다고 답한 사람은 42.8%, 불평등하다고 답한 사람은 36%였다. 그때에도 역시 교육 기회가 평등하다고 생각하는 사람이 많았다.

그런데 최근에 와서 교육 기회가 평등하다는 응답은 증가했고, 불평등하다는 응답은 감소했다. 사교육 시장의 극적인 팽창과 더불어 교육 격차와 교육 불평등을 우려하는 목소리가 갈수록 높아지는 현실에서 어떻게 사람들은 우리 사회의 교육 기회 공정성을 높게 평가하는 것일까? 그리고 어떻게 오히려 과거보다 교육 기회가 더 공정해졌다고 보는 것일까? 자료를 더 들여다보자.

2009년 한국종합사회조사는 '한국에서 좋은 중고교 출신일수록 대학 교육을 받을 수 있는 기회가 많다'는 의견에 대한 동의 여부도 물었다. 그렇다는 답은 52.6%인 반면, 아니라는 답은 29.7%에 머문다. 교육 기회 공정성에 대한 유사한 질문임에도 불구하고 응답의 양상은 선혀 반대로 나타난다. 교육 기회의 공정성에 대한 부정적 응답이 훨씬 많은 것이다. 또 다른 항목으로 '한국에서는 부자만이 대학 학비를 감당할 수 있다'는 의견에 대해서도 그렇다는 답이 56.9%인 반면, 그렇지 않다는 답은 27.1%다. 역시 비슷하게 우리나라의 교육 기회 공정성에 대해 회의적인 의견이 많다.

가난한 사람은 대학 학비가 큰 부담이 되기 때문에 대학 교육을 받을 수 있는 기회가 그만큼 적어질 것이다. 이는 경제적 능력에 따라 교육 기회가 차등적으로 주어질 수 있다는 뜻으로도 볼 수 있다. 이렇게 교육 기회의 공정성에 대해 묻는 질문에서 첫 번째는 긍정적 답이, 두 번째와 세 번째는 부정적 답이 우세하게 나왔다. 여기서 어느 정도 실마리가 잡힌다. 기회 공정성의 개념을 어떻게 받아들이는지에 따라 그 답이 달라지는 것이다.

이번에는 '한국에서는 성별, 인종 및 사회적 배경과 관계없이 대학에 들어갈 수 있는 기회가 누구에게나 동일하게 주어진다'는 의견에 대한 동의 여부를 묻는 항목을 살펴보자. 그렇다는 답은 47.1%, 아니라는 답은 33%였다. 첫 번째 항목에 대한 응답 양상과 유사하다. 교육 기회가 공정하다는 답이 불공정하다는 답보다 많다. 긍정적 답의 비율도 앞서 첫 번째 항목의 48.6%와 거의 같다. 이제 어느 정도 해답을 찾을 수 있다. 사람들에게 교육 기회가 평등한지 불평등한지를 두루뭉술하게 물었을 때 대부분의 사람들은 기회 공정성을 교육을 받을 수 있는 가능성에 대한 것으로 이해한다. 이렇게 보면 사람들이 과거에 비해 최근에 교육 기회가 더 공정해졌다고 생각하는 이유를 알 만하다.

현실에서 고등학교까지는 사실상 거의 모든 국민이 진학할 수 있는 데다, 고학력과 저학력의 기준점이 되는 대학 진학 비율도 1990년에 30% 정도에 머물렀던 것이 2000년대 중반 이후부터는 80%대까지 치솟았다. 거의 모든 학생들이 자신이 원한다면 대학 교육을 받을 수 있게 된 것이다. 이렇게 본다면 교육 기회가 공정하다는 답이 자연스럽게 나올 만하다. 여기서 우리는 잠시 생각에 잠기게 된다. 과연 기회의 공정성이란 어떤 의미인가?

공정한 기회란 무엇인가

어떤 사회가 공정한 사회인가? 이는 인류 사회의 오랜 화두다. 하지만 기회의 공정성이 공정한 사회의 핵심이라는 것에 대해서는 별 이견이 없을 것이다. 현대 민주 사회에서 기회의 공정성은 핵심 가치다. 민주 질서는 모든 사회 구성원에게 기본적으로 기회가 균등하게 주어진다는 점을 전제로 하기 때문이다. 따라서 기회의 공정성은 공정한 사회의 최소 조건이라 할 수 있다. 물론 기회만 공정하게 주어지면 공정한 사회라고 할 수 있는지, 그리고 과연 공정한 기회란 무엇인지에 대해서는 정치 철학적 입장에 따라 적지 않은 논란의 여지가 있다.

공정성에 대한 사회의 객관적 현실과 사회 구성원의 주관적 인식은 별개의 문제다. 객관적으로 공정한 사회에서 그 사회 구성원들은 자신이 속한 사회가 공정하다고 인식할 가능성이 클 것이라고 짐작할 수 있다. 하지만 실제로는 그 사회가 공정하지 않음에도 불구하고 공정하다고 인식할 가능성도 있다. 그리고 구성원들이 자신이 속한 사회가 공정하다는 구성원들의 인식은 공정성에 대한 철학적 논의와는 별 상관이 없을 수 있다. 그들이 살아가면서 느끼는 공정성이라는 것은 매우 현실적인 문제다. 철학적으로 과연 어떤 사회가 공정한 사회인가라는 문제와는 별개로 사회 구성원 스스로가 나름대로의 기준으로 공정 여부를 판단하기 때문이다.

그렇다면 한국 사회에서 사람들이 공정성을 판단하는 기준은 무엇인가? 어떤 것이 공정하다고 생각하는가? 이 점을 생각해보는 것은 공정성을 둘러싼 우리의 현실을 이해하는 데 공정성의 객관적 현실만큼이나 중요하다. 예컨대, 누군가가 "우리 사회에서 기회가 공정하게 주어진다고 생각하는가?"라고 물었을 때 '공정'하다는 것이 무슨 의미인지 우선 머릿속에서 나름대로 생각을 할 것이다. 그리고 그렇게 떠올린 공정이라는 단어의 의미에 따라 대답을 할 것이다. 이때 '무엇에 대한' 공정인지 또는 '어떤' 공정인지 역시 나름대로 상정하고 판단을 할 것이다.

앞서 기회의 공정성과 관련된 4개의 사회 조사 항목을 비교해보자. 첫 번째 항목은 포괄적으로 교육 기회의 공정성에 대해 물었다. 두 번째와 세 번째 항목은 '좋은 중고교 출신'과 '부자'라는 단서를 달고 교육 기회의 공정성에 대해 물었다. 네 번째도 '성별, 인종, 사회적 배경'이라는 단서가 달려 있다. 첫 번째 항목은 맥락에 대한 아무런 단서도 제공하지 않았다. 반면 나머지 3가지 항목은 사회의 불평등 구조라는 맥락을 단서로 달고 있다. 그런데 앞에서 살펴보았듯이 첫 번째 항목과 네 번째 항목의 응답 양상은 유사했다.

'성별, 인종, 사회적 배경'과 '좋은 중고교 출신/부자'라는 단서 사이에는 어떤 차이가 있을까? 아마도 경제적 불평등을 암시하는가, 그렇지 않은가의 차이로 보인다. 사실 불평등과 기회의 공정성은 밀접한 관계가 있다. 자유민주주의 사회에서 기회의 균등을 그토록 강조하는 이유는 이것이 불평등을 개신할 수 있는 방법이기 때문이다. 그런데 한편으로 불평등은 기회균등의 실질적 효과에 큰 영향을 미친다. 이러한 불평등과 기회 공정성 사이의 밀접한 관계를 미루어볼 때 개인이 사회의 불평등 구조에서 어떤 위치에 있는가에 따라 기회 공정성에 대해 인식하는 정도 역시 차이가 있을 수 있음을 짐작할 수 있다.

소득에 따라 교육 기회 공정성 인식에 차이가 있을까

다시 2009년 한국종합사회조사 자료를 더 자세히 살펴보자. '교육 기회가 평등한지 불평등한지'를 추상적으로 질문한 항목에 대한 응답을 응답자의 소득 수준에 따라 비교해보자. 소득 수준이 낮은 사람은 사회의 불평등 구조를 민감하게 인식할 가능성이 크다. 소득 수준이 높은 사람은 반대로 불평등 정도에 대해 너그럽게 평가할 가능성이 크다. 여기서는 소득 수준을 소득 4분위에 따라 상·중·하로 구분했다. 설문의 총소득 항목에 대한 응답을 토대로 상위 25%는 상층, 하위 25%는 하층, 나머지는 중간층으로 구분했다.

[그림 1]을 보면 상층의 경우 교육 기회가 평등하다는 응답이 52.7%로 불평등하다는 27.6%보다 훨씬 많다. 중간층의 경우에도 교육 기회가 평등하다는 응답이 48.6%, 불평등하다는 응답이 27%

그림 1 | 교육 기회가 평등한지 불평등한지에 대한 소득 수준별 인식도(%), 2009.

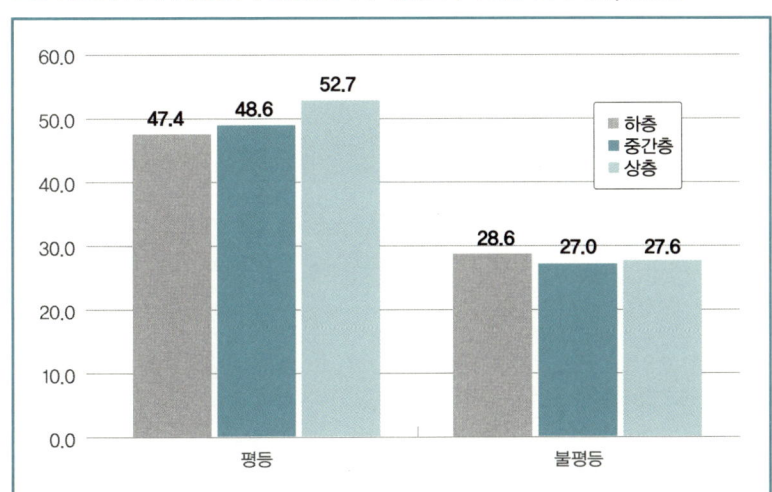

로, 역시 교육 기회가 공정하다고 생각하는 비율이 더 많았다. 하층의 경우에도 평등하다는 답과 불평등하다는 응답이 각각 47.4%와 28.6%로 중간층의 응답과 사실상 거의 차이가 없다. 이는 앞서의 예측과는 전혀 다른 결과다. 소득 수준이 하위 25%에 있는 사람들도 대체로 우리 사회의 교육 기회가 공정하다고 인식한다. 소득 수준과 상관없이 사람들은 대체로 우리 사회에서 교육 기회가 평등하게 주어진다고 보는 것이다. 불평등하다는 응답의 비율만 비교하면 약 27~29% 사이로 소득 수준 간의 차이가 거의 발견되지 않는다.

앞서 살펴본 다른 두 항목에 대해서도 소득 수준별로 분석해보자. 2009년 한국종합사회조사에서 불평등의 맥락을 제시하고 교육 기회 공정성의 측면을 물었던 두 항목이다. 먼저 "좋은 중고교 출신일수록 대학 교육을 받을 기회가 많다"는 의견에 대한 동의 여부다. [그

그림 2 | 좋은 중고교 출신일수록 대학 교육을 받을 기회가 많다는 의견에 대한 동의 여부(%), 2009.

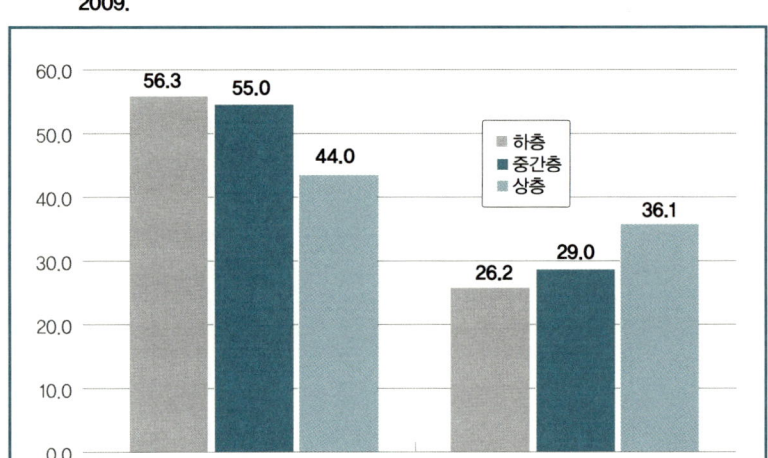

림 2]에서 보듯이 모든 소득 계층에서 반대보다 동의가 많다. 즉 소득 수준에 상관없이 우리나라에서는 좋은 중고교 출신일수록 대학 교육을 받을 기회가 많다고 보는 것이다. 초등학생인 명수의 부모가 굳이 빚을 지면서까지 명수를 학원에 보내려 하고, 강남의 중학생들이 대치동의 특목고 대비 학원에 몰리는 이유다.

그런데 소득 수준별로 차이가 발견된다. 상층은 좋은 중고교 출신일수록 대학 교육을 받을 기회가 많다는 의견에 44%가 동의한 반면, 하층은 56.3%가 동의했다. 중간층은 55%가 동의해 그 수준이 상층과 비슷하다. 동의하지 않는 비율은 하층이 26.2%, 중간층이 29%, 상층이 36.1%다. 따라서 소득 수준이 낮을수록 좋은 중고교 출신일수록 대학 교육을 받을 기회가 더 많다고 생각한다. 불평등의 맥락이 제시됐을 때 하층에 위치한 사람들이 우리 사회의 교육 기회 공정성

그림 3 | 부자만이 대학 학비를 감당할 수 있다는 의견에 대한 동의 여부(%), 2009.

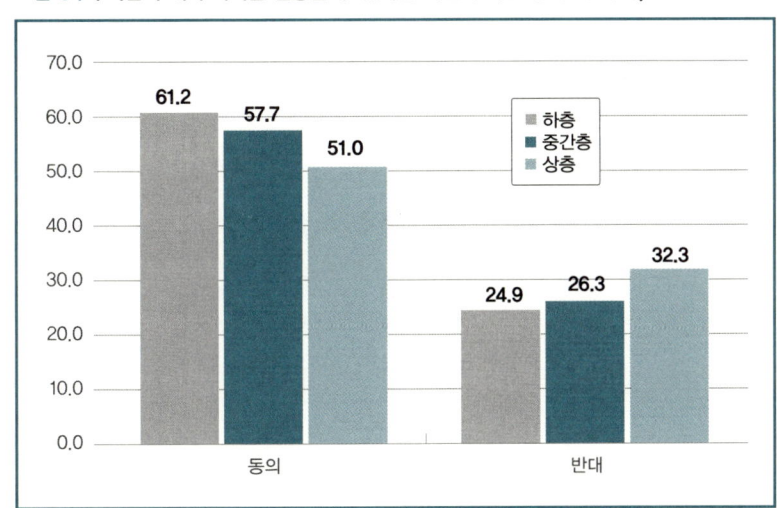

에 대해 부정적으로 평가하는 경향이 있다.

또 다른 관련 항목에 대해서도 살펴보자. "부자만이 대학 학비를 감당할 수 있다"는 의견에 대한 동의 여부다. 여기서도 앞서와 유사한 양상이 반복된다. [그림 3]을 보면 일단 모든 계층에서 부자만이 대학 학비를 감당할 수 있다는 의견이 더 많다. 상층은 51%가 동의한 반면 하층은 61.2%가 동의했다. 중간층의 동의 비율은 57.7%로 상층보다는 높지만 하층보다는 낮은 수준이다.

반대하는 비율은 상층이 32.3%, 중간층이 26.3%, 하층이 24.9%로 소득 수준이 낮을수록 비율은 떨어진다. 역시 소득 수준이 낮을수록 경제적 불평등에 따른 교육 기회에 차이가 존재한다고 인식하는 것이다. 명수가 고등학교를 마치고 대학 진학의 기회를 갖더라도 대학 학비가 성공의 길에서 그의 발목을 잡을 수 있다. 경제적으로 여

그림 4 | 소득에 따른 교육의 질 차이에 대한 소득 수준별 공정성 인식도(%), 2011.

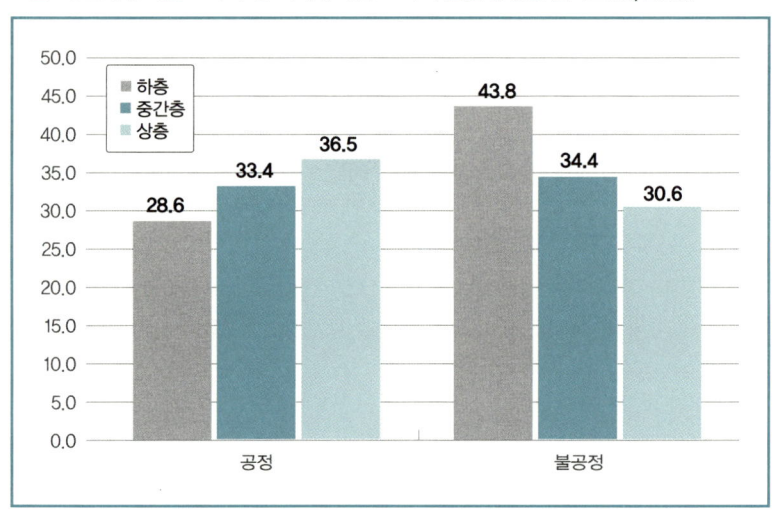

유로운 사람들은 명수도 열심히만 하면 장학금을 받고 대학에 다닐 수 있다고 쉽게 말한다. 하지만 먹고살기도 어려운 명수 부모님이나 그와 형편이 비슷한 서민층은 고개를 가로저을 것이다. 그리고 생각할 것이다. '내가 경제적 능력만 있다면 더 좋은 대학에 보낼 텐데……'

2011년 한국종합사회조사 자료[8]에는 고소득자가 저소득자보다 자녀에게 더 좋은 교육을 시키는 것이 공정한가에 대한 여부를 묻는 항목이 있다. [그림 4]는 그에 대한 응답을 역시 소득 수준별로 비교

---

8 한국종합사회조사는 매년 실시되지만 해마다 조사 항목이 조금씩 달라진다. 교육 기회가 불평등한지 평등한지를 묻는 항목이 포함된 가장 최근의 자료는 2009년 자료다. 그래서 2011년에는 해당 항목에 대한 자료가 없다. 이는 뒤에서 다룰 취업 기회의 평등성 여부를 묻는 항목의 경우도 마찬가지다.

해 제시한 것이다. 항목의 내용에서 알 수 있듯이 여기서는 소득에 따른 불평등이라는 맥락을 구체적으로 제시하고 교육 기회 공정성에 대한 인식을 측정했다. 이렇게 불평등과 기회 공정성의 관련성을 연상할 수 있도록 항목을 구성했을 때 응답의 양상은 역시 앞서와 유사하게 소득 계층별로 차이가 나타났다. 상층은 공정하다는 응답이 36.5%로 공정하지 않다는 응답 30.6%에 비해 더 많다. 중간층은 공정하다가 33.4%, 공정하지 않다가 34.4%로 불공정하다는 응답이 약간 더 많지만 그 차이는 사실 거의 없다. 하층은 공정하다는 응답이 28.6%인 반면 불공정하다는 응답은 43.8%였다.

여기서도 소득 수준별 차이가 확연히 드러난다. 하층은 불공정하다는 응답이 공정하다는 응답보다 훨씬 많고, 중간층은 두 응답 비율이 비슷한 반면 상층은 공정하다는 응답이 불공정하다는 응답보다 약간 많다. 소득 수준이 낮을수록 소득에 따라 교육의 질이 달라지는 것은 대체로 불공정하다고 인식하는 것이다. 이는 기회 공정성에 대한 인식이 불평등 구조에서 개인이 어느 위치에 있는지에 따라 달라진다는 사실을 보여준다.

소득이 많은 사람은 돈 많은 사람이 자녀에게 더 좋은 교육을 시키는 것에 대해 특별히 불공정할 것이 없다고 본다. 하지만 소득이 적은 사람은 돈이 없으면 돈이 많은 사람들에 비해 자녀에게 좋은 교육을 시키지 못한다는 사실에 공정하지 못하다는 느낌을 갖는다. 즉 기회 공정성에 대한 인식은 불평등 구조가 정당하다고 생각하는지의 여부에 따라 달라진다. 소득이 많은 사람은 자신의 돈을 자녀에게 양질의 교육을 제공하는 데 쓰는 것이 당연한 권리라고 생각할 것이다. 경제 수준의 차이에 따라 교육의 질이 달라지는 현실이 특별히 불공정할 것은 없다고 보는 것이다. 내 돈을 내 자식을 위해 쓰겠다는데 누가 뭐라 하겠는가.

반면 소득이 적은 사람은 자신은 돈이 없어 자녀에게 좋은 교육을 못 시키는데, 어떤 사람은 돈이 많아서 자녀에게 양질의 교육을 시키는 상황에 대해 불공정하다고 생각한다. 부모가 가난해서 자식의 출셋길마저 막아버리는 현실이 억울하지 않겠는가? 출세는커녕 내 자식도 나처럼 먹고살려고 아등바등해야 될 것을 생각하면 부당하다는 느낌이 들지 않겠는가? 나도 나름 열심히 살아왔고 내 아이도 열심히 공부하는데 말이다.

불평등 구조의 맥락에 대한 고려 없이 기회의 공정성에 대해 이야기하는 것은 어쩌면 부질없는 일인지 모른다. 불평등과 기회균등은 서로 밀접한 관련이 있다. 둘을 완전히 별개의 개념으로 파악하는 것은 추상적 수준에서는 타당하지만 현실적으로는 적합하지 않다. 자유지상주의자들이 주장하듯이 과연 기회균등을 불평등과 완전히 분리해서 이해할 수 있을까?

기회 공정성과 불평등의 엇갈림

기회 공정성과 불평등의 관계에 대해 생각해보자. 평등은 공정성, 특히 기회 공정성과 구분되는 개념이다. 하지만 따로 떼어놓고 보기는 어렵다. 최근 공정 사회에 대한 관심이 폭증하는 이유가 무엇이겠는가? 결국 양극화로 대변되는 불평등 심화 현상에 대한 문제의식에 기인한다. 불평등이 심할 때 사람들은 이 사회가 과연 공정한지 의문을 품는다. 그럼에도 불구하고 공정과 평등은 구분된다. 공정한 사회가 평등한 사회인가? 이에 대해서는 정치적 입장에 따라 전혀 다른 답이 나올 것이다. 불평등한 사회지만 공정한 사회라고 주장할 수도 있고, 불평등한 사회는 공정한 사회가 아니라고 주장할 수도 있다. 이러한 인식의 차이는 어디에서 발생하는가?

기본적으로 공정성을 분배 공정성의 차원에서 접근하느냐, 아니면 절차 공정성의 차원에서 접근하느냐의 차이다. 일반적으로 공정성은 분배 공정성과 절차 공정성의 두 차원으로 나눌 수 있다. 공정성에 대한 인식에서 분배 공정성이 더 중요한지, 절차 공정성이 더 중요한지는 논란의 여지가 많다. 분배 공정성은 자신이 받은 보상이 과연 적절한가에 대한 인식이다. 반면 절차 공정성은 자신이 받은 보상이 적절한 절차에 따라 주어졌는지에 대한 인식이다. 분배적 정의의 잣대로 공정성을 판단한다면 불평등과 공정성은 매우 유사한 개념으로 파악된다. 하지만 절차적 정의의 차원에서 판단하면 불평등과 공정성은 반드시 같이 가는 것은 아니다.

2009년 한국종합사회조사에서 교육 기회가 평등한지 불평등한지를 다소 막연하게 물었을 때 아마도 사람들은 분배 공정성의 차원에서, 즉 교육 혜택의 불평등을 고려해 응답하기보다는 막연하게 기회가 공평하게 주어지는지, 즉 절차의 공정성을 주로 염두에 두고 답한 것으로 보인다. 기회라는 개념 자체가 절차에 대한 것으로 인식될 가능성이 크다. 사실 자유민주사회에서 절차 공정성의 핵심은 기회의 균등이라 할 수 있다. 따라서 기회의 공정성을 절차 공정성의 측면에서 이해하는 것은 타당하다.

사람들은 교육 기회의 공정성을 학력(또는 졸업장)이라는 보상이 주어지는 절차가 공정한지에 대한 것이라고 받아들일 가능성이 크다. 하지만 불평등의 맥락을 제시한 후 질문을 던졌을 때는 교육 기회의 공정성에 대해 부정적인 응답이 많아지고, 소득 계층에 따른 응답의 차이도 두드러진다. 소득 불평등과 기회 공정성은 개념적으로는 분리될 수 있을지 몰라도 현실적으로는 긴밀하게 얽혀 있는 것이다.

자유민주사회에서 기회균등을 강조하는 이유는 열린 사회이동이 사회 유지의 핵심 조건이 되기 때문이다. 즉 상위 계층으로 이동할 수 있는 기회, 다시 말하면 성공할 수 있는 기회가 열려 있어야 하고, 그러한 기회가 사회 구성원 모두에게 공정하게 제공돼야 한다. 여기서 교육의 역할은 매우 중요하다(Dahrendorf, 1959). 사회 내 어느 정도의 불평등이 존재하는 것은 어쩔 수 없다 해도, 교육을 통해 사회적 상승 이동을 할 가능성을 열어둔다면 현대 사회는 안정되게 성숙할 수 있다. 만약 이러한 과정에 문제가 발생하면 사회는 심각한 붕괴 가능성에 직면할 수도 있다.

기회는 중층 구조로 파악된다. 먼저 사회이동을 위한 기회가 있고, 그 기회를 얻기 위해 교육받을 기회가 있다. 즉 실질적인 기회균등을 위해서는 사회 구성원에게 공정한 교육 기회를 제공하는 것이 매우 중요하다. 따라서 만약 모든 사회 구성원들에게 교육 기회가 공정하게 배분되지 않는다면 사회적 상승 이동을 위한 기회균등은 멀어진다. 교육 기회의 공정성이 자유민주사회에서 핵심 가치로 대두되는 이유다.

그렇기 때문에 기회의 공정성을 이야기하기 위해서는 결국 교육 기회 '배분'의 공정성에 대해 먼저 짚고 넘어갈 수밖에 없다. 단순히 교육 기회가 동등하게 주어졌다는 절차 공정성에 대한 보장만으로 기회 공정성이 충분히 확보되는 것은 아니다. 투입한 노력에 상응하는 결과가 동등하게 배분되는가에 대한 분배 공정성 측면도 중요하다. 과연 우리 사회에서 교육 기회가 공정하게 배분되고 있는가? 기회는 배분되는 것이기 때문에 기회의 접근에서도 불평등 구조가 엄연히 존재한다. 이른바 '기회 구조'가 존재하는 것이다(Merton, 1957).

기회균등은 누구나 차별 없이 평등하게 기회가 주어짐을 의미한다. 그런데 기회가 주어진다고 바로 기회가 실현되는 것은 아니다. 왜 그럴까? 누구나 기회를 가질 수는 있어도 모두가 그 기회를 통해 성공을 이루는 것은 아니기 때문이다. 따라서 실질적으로 기회에 대한 접근은 실현 가능성까지 포함하는 의미로 봐야 한다.

사회학적으로 볼 때 기회 실현의 가능성은 구조화돼 있다. 그래서 '기회 구조'라는 표현이 가능하다. 기회 실현의 가능성은 어떻게 구조화돼 있을까? 현실적으로 기존의 불평등 구조가 그 가능성을 결정하는 방식으로 기회가 구조화돼 있다. 경제적, 사회적, 개인적 자원을 확보하고 있는 사람은 기회 실현의 가능성이 그렇지 못한 사람보다 훨씬 크다.

명수에게도 좋은 학교에 진학할 기회는 동등하게 주어진다. 강남 학생들에게만 기회가 주어지는 것은 아니다. 이렇듯 기회가 공평하게 주어진다고 해서 우리 사회에서 교육 기회가 공정하게 배분된다고 주장할 수 있을까? 절차 공정성의 차원만 좁게 고려하면 그렇다고 말할 수도 있다. 명수가 강남 학생 그 누구보다도 열심히 공부하면 특목고에 진학할 수도 있다. 강남 학생이라 해도 열심히 노력하지 않으면 특목고에 진학하지 못한다. 그렇다고 해서 기회가 공정하다고 할 수 있는가? 분배 공정성의 차원을 고려하면 그렇게 주장하기 어려워진다.

분배 공정성에 대한 인식은 자신이 투입한 부분에 대비해 산출된 결과와 타인이 투입한 부분에 대비해 산출된 결과를 비교함으로써 결정된다(Adams, 1965). 동일한 노력을 투입했을 때 명수의 특목고 진학 확률과 강남 학생의 특목고 진학 확률은 어떻게 나타날까? 어려운 부모의 경제 사정으로 동네 학원도 제대로 다니지 못하는 명수와 부모의 전폭적인 재정 지원을 받으며 특목고 준비 학원을 다니는 강남 학생의 진학 확률은 두 사람이 똑같은 노력을 기울였더라도 다를 것임을 쉽게 예측할 수 있다.

노력과 성취의 정도에 따라 보상하는 것은 물론 공정한 일이다. 이것이 분배 공정성의 차원이다. 그래서 기회가 균등하게 주어졌다면, 즉 절차 공정성이 지켜졌다면 불평등 구조는 크게 문제되지 않는다고 볼 수도 있다. 오히려 개인이 기울인 노력과 그에 따라 달성한 부분을 공정하게 평가해 그에 맞는 적절한 보상을 하는 것이 전체 사회의 효율을 증대시키는 길이라고 자유시장 신봉자들은 주장한다. 이러한 시각에서는 기회의 균등만 철저히 확보되면 평등한 사회라고 본다. 물론 일리 있는 말이다. 그러나 엄연히 불평등 구조가 존재하는 현실에서 철저한 기회의 균등만으로 과연 공정 사회를 보장할 수 있을까?

그래서 "기회의 균등은 항상 공평한 것은 아니다"라는 주장이 나온다(장하준, 2010: 276~288). 공정한 경쟁이 이뤄지려면 모든 조건이 평등해야 하지만 불평등 사회에서는 실질적으로 모든 조건이 평등할 수 없기 때문이다. 명수와 강남 학생의 비교에서 드러나는 것처럼 분배 공정성은 결국 기존의 불평등 구조에 의해 크게 좌우된다. 진정으로 공정한 사회를 위해서는 어느 정도의 결과 균등이 필요하다는 주장이 대두된다. 형식적 기회균등만으로는 충분하지 않다는 것이다.

특히 아이들에게 공평한 교육 기회를 확보해주기 위해서는 어느 정도 수준에서는 부모 소득을 균등하게 할 필요가 있다. 결국 진정한 의미의 기회균등을 위해서는 결과의 평등을 추구할 필요가 있다는 것이다. 그래야 실질적인 의미에서 공정 경쟁이 가능하며, 우리 사회의 현실에 비춰 설득력이 있다. 결국 기회의 공정성과 불평등은 별개의 것이 아니다. 둘은 결국 현실에서 서로 엇갈리며 얽히게 돼 있다.

우리나라에서 취업 기회는 공정한가

자유민주사회에서 기회균등의 가치는 사회 구성원들의 상향 사회이동이 가능하도록 하는 조건이 되므로 중요하다. 교육은 상향 사회이동의 주된 통로가 된다. 그래서 교육 기회의 공정성 문제는 중요하게 다뤄질 수밖에 없다. 그런데 좋은 교육을 받았다고 성공으로의 길이 완결되는 것은 아니다. 취득한 학력을 바탕으로 좋은 직업을 갖는 것이 일반적으로 그 다음 단계가 된다. 그렇다면 교육 기회의 공정성과 더불어 취업 기회의 공정성도 전반적인 기회 공정성에서 중요한 부분을 차지한다.

2009년 한국종합사회조사에서는 취업 기회의 평등성 여부를 묻고 있는데, 그 결과를 살펴보면 교육 기회 공정성에 대한 인식과 전혀 다른 양상을 보인다. 교육 기회에 대해서는 평등하다는 응답이 더 많았던 반면 취업 기회에 대해서는 불평등하다는 응답이 훨씬 많았다. 응답자의 23.8%만이 취업 기회가 평등하다고 답했고 무려 46.5%가 불평등하다고 답했다. 우리나라 사람들은 교육 기회의 공정성보다 취업 기회의 공정성을 훨씬 더 부정적으로 평가하는 것을 알 수 있다.

취업 기회의 공정성에 대한 응답도 소득 계층별로 구분해 살펴보자. [그림 5]를 보면 일단 모든 소득 수준에서 취업 기회가 불평등하다는 응답이 훨씬 많다. 소득 수준 상위에 위치한 사람들도 취업 기회가 불평등하다는 응답이 43.9%로 평등하다는 응답 26.8%보다 많다. 그런데 여기서도 소득 수준에 따른 공정성 인식의 차이가 발견된다. 하층이 상층보다 취업 기회가 공정하지 않다고 인식하는 경향이 있는 것이다. 취업 기회가 평등하다는 인식은 하층의 경우 23.7%인데, 상층은 26.8%로 상층이 약간 높다. 불평등하다는 인식은 하층이 49.2%인 반면 상층은 43.9%로 역시 상층이 다소 낮다.

여기서 중요한 사실 2가지를 짚을 수 있다. 첫째 우리나라 사람들은 교육 기회의 공정성보다 취업 기회의 공정성을 훨씬 더 부정적으로 인식하고 있다는 사실이다. 교육 기회가 평등하다는 응답은 전체 48.6%인 반면, 취업 기회가 불평등하다는 응답은 46.5%으로 나타났다. 정반대의 양상인 것이다. 우선 그 이유로 생각할 수 있는 것은 사람들이 절차 공정성의 차원에서 교육 기회보다 취업 기회를 훨씬 부정적으로 인식할 가능성이다.

2011년 한국종합사회조사에서 "한국 사회에서 중요한 결정을 내릴 때 혈연, 지연, 학연 등 연고가 작용한다"고 생각하는지를 물었

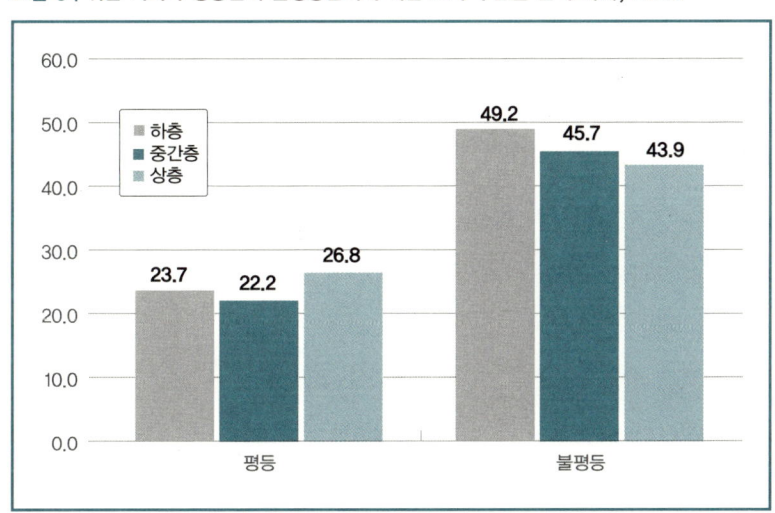

그림 5 | 취업 기회가 평등한지 불평등한지에 대한 소득 수준별 인식도(%), 2009.

다. 무려 86%가 그렇다고 답했다. 또 다른 문항에서는 "외부 압력이나 소위 '빽'에 의해 영향을 받는다"고 생각하는지를 물었다. 역시 무려 83.7%가 그렇다고 답했다.

사실 사람들은 우리 사회의 절차 공정성도 그다지 높다고 여기지 않는다. 오히려 절차 공정성에 매우 문제가 많다는 인식이 지배적이다. 교육 기회 공정성에 대해서는 긍정적 의견이 우세하고 취업 기회 공정성에 대해서는 부정적 의견이 우세한 것은 아마도 이 때문이 아닌가 싶다. 진학과 관련해서는 연고나 외부 압력으로부터 거의 자유롭다고 보아도 좋다. 아마도 우리 사회에서 그나마 가장 투명한 영역이 입시라 해도 과언이 아니다. 하지만 취업 과정에서는 연고나 빽이 작용할 가능성이 훨씬 크다.

두 번째로 짚을 수 있는 사실은 소득 수준에 따른 응답 차이가 교육 기회 공정성에 대한 인식에 비해 취업 기회 공정성에 대한 인식에서 더 두드러지게 나타난다는 점이다. 여기서도 소득 계층에 따른 인식 차이가 그다지 크지 않다고 볼 수도 있지만 교육 기회 공정성에 대한 인식에 비해서는 비교적 뚜렷하게 차이가 나타난다. 교육 기회 공정성의 경우와 같이 불평등 맥락이 제시된 관련 항목들이 조사에 포함되지 않아 단언하기는 어렵지만 그러한 항목이 있었다면 취업 기회 공정성 인식에서도 소득 수준에 따른 응답의 차이가 더 뚜렷하게 드러날 것이다.

교육 기회에서보다 취업 기회에 대한 공정성 인식에서 불평등 구조가 더 밀접하게 관련될 수 있다. 왜냐하면 학교나 학력에 비해 직장이나 직업이 훨씬 더 노골적으로 계층화돼 있기 때문이다. 그리고 취업은 성공으로 가는 거의 마지막 기회에 해당하기 때문에 공정성 문제가 더욱 민감하게 제기될 수 있다.

우리의 현실에 비춰볼 때 취업 기회는 소득 수준에 따른 인식의 차이보다 연령대에 따른 인식 차이가 더 중요할 수 있다. 취업 문제에 직접 부딪히는 연령대가 20대이기 때문이다. 20대 청년층의 취업난이 사회적으로 심각한 문제고 정치적으로도 큰 부담이 되는 상황에서 이들이 취업 공정성을 어떻게 인식하는지, 그리고 그러한 인식이 다른 세대와 어떤 차이를 보이는지를 살펴보는 것은 의미가 있다. [그림 6]은 취업 기회 공정성에 대한 응답 결과를 연령대별로 분류해 제시한 것이다.

역시 모든 연령대에서 취업 기회가 불평등하다는 응답이 더 높다. 그런데 연령대별로 나타난 응답의 차이가 뚜렷하다. 취업 기회가 평

그림 6 | 취업 기회가 평등한지 불평등한지에 대한 연령대별 인식도(%), 2009.

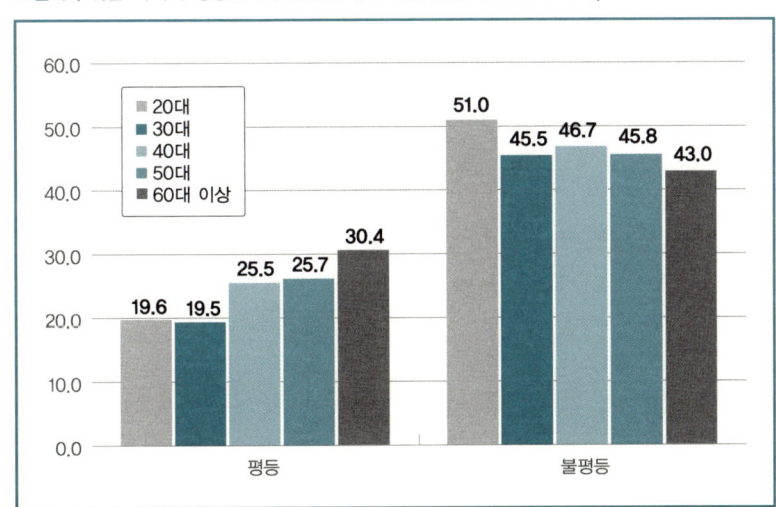

등하다고 답한 비율은 20대와 30대가 각각 19.6%와 19.5%로 거의 같다. 40대와 50대는 25.5%와 25.7%로 역시 비슷하다. 60대 이상이 30.4%로 다른 연령대에 비해 취업 기회가 공정하다고 인식하는 비율이 가장 높았다. 취업 기회가 불평등하다고 인식하는 비율은 60대가 43%로 가장 낮았다. 30대, 40대, 50대는 45~47% 정도다. 20대가 51%로 불평등하다는 응답이 다른 연령대에 비해 가장 높았다. 취업 기회의 공정성에 대한 부정적인 인식이 20대에서 두드러짐을 알 수 있다.

나이에 따라 취업 기회가 불공평하게 주어진다 해도 다른 연령대보다 20대에게 특별히 기회가 불공평하게 주어질 이유는 없다. 그럼에도 20대의 취업 기회 불공정성 인식이 높은 것은 취업 기회의 공정성이 단지 절차 공정성의 문제만은 아니라는 뜻이다. 20대 청년층에게 취업은 직접 피부로 와닿는 현실이다. 그래서 공정성 문제를 단순히 추상적이고 일반적인 절차 공정성 차원으로만 인식하지 않을 가능성이 크다. 기회 공정성은 사회의 구조적 맥락과 분배 공정성 차원을 함께 고려하면서 파악할 필요가 있다. 취업 기회와 관련해서는 경제적 불평등 구조와 함께 노동시장도 추가적으로 고려해야 한다.

청년 실업의 현실에서 공정성 말하기

최근 우리 사회의 노동시장 현실을 감안하면 조사를 통해 나타난 취업 기회 공정성 인식은 오히려 예상보다 호의적이다. 이태백, 즉 "이십대 태반이 백수"라는 말이 회자된 지 이미 오래인데도 말이다. 다음은 한 인터넷 사이트에 게시된 글이다.

> 대학 들어가서도 취업하면 월 200은 벌 줄 알았다.
> 그래도 수능 성적 20% 안에 드는 대학이고
> 토익도 900에 자격증들도 있고 대외 경험도 쌓았고
> 나이도 젊고 외모도, 말발도 자신 있으니
> 연봉 3,000은 껌인 줄 알았다.

대기업 공채는 서류부터 대부분 컷되고

그나마 컷 안 된 것도 떨어지고

중견 기업도 힘들어서 월 170짜리 들어가려 한다.

처음에는 대기업 못 가는 선배들 보며 왜 못 들어가지 했는데,

문이 정말 좁다.

웬만한 곳은 경쟁률 100:1

서류 통과하면 10:1

서류 통과해도 나와 비등비등 또는 더 똑똑한 애들 9명을 제껴야 한다.

월 200의 꿈도 이루기 힘들다.

취업은 장난이 아니구나.

하소연입니다.

— 출처 : http://todayhumor.co.kr/board/list.php?table=bestofbest 84215번 게시글

'오늘의 유머'라는 유명 인터넷 사이트에 추천 수가 600이 훨씬 넘으며 '베스트 오브 베스트'로 뽑힌 글이다. 20대 남성이 겪는 슬픈 취업 현실을 담담히 술회한 글이 유머 사이트에서 베스트 오브 베스트에 선정됐다는 사실이 아이러니하다. 댓글도 물론 무수히 올라왔다. 살펴보면 대략 세 부류로 정리된다. 우선 글쓴이의 글에 동감하는 댓글이다. 추천 수에서 볼 수 있듯이 많은 사람들이 글쓴이가 겪는 취업의 어려움을 공감한다. 유사한 자신의 경험을 공유하기도 했다.

그 다음은 '눈높이를 낮추라'는 것이다. 근무 조건과 복지 수준이

열악하더라도 들어갈 수 있는 중소기업은 널렸다는 주장이다. 마지막으로 '좀 더 열심히 해라'라는 질책이다. "명문대 출신도 줄줄이 떨어지는데 어디 감히 고작 상위 20%가……"류의 악성 댓글에서부터 스펙을 더 쌓고 외국으로도 눈을 돌리는 등 취업 정보를 더 열심히 찾아보라는 조언도 있었다.

'눈높이를 낮추라'는 의견은 많이 익숙하다. 정부의 생각도 이에 가깝다. 심지어 대통령도 그렇게 말했다 하니 말이다. 위의 글쓴이는 '좋은' 일자리를 원한다. 누구나 그럴 것이다. 누가 '나쁜' 일자리를 갖고 싶겠는가? 아무 일자리라도 상관없이 좋다고 한다면 모두가 일자리를 얻을 것이다. 그렇게 된다면 취업 기회가 공정하다고 말할 수 있을까? 취업 기회는 아무 일자리나 얻을 수 있는 기회라기보다는 자신에게 맞는 좋은 일자리를 얻을 수 있는 기회로 봐야 한다. 상향 사회이동의 가능성은 어떤 일자리를 갖느냐에 상당 부분 달려 있다. 진정한 기회균등을 말하기 위해서는 좋은 일자리를 얻을 수 있는 기회의 공정성을 이야기해야 한다. 대학 졸업의 학력을 가졌다면 그에 맞는 일자리를 원하는 것은 당연하다. 그것을 개인의 착각 내지는 무지로 돌리는 것은 뭔가 부당하다는 느낌이 들지 않는가?

당장의 취업률을 높이기 위해서는 청년층이 눈높이를 낮추는 것이 효과적이다. 대학 진학률이 80%가 넘는 상황에서 좋은 일자리가 더 늘어나지는 않기 때문이다. 그러니 중소기업에 들어가 열심히 노력하라는 조언이 나온다. 그러나 갈수록 대기업과 중소기업의 격차가 벌어지는 현실에서 중소기업에 들어가 열심히만 하면 되는 건지 의문이 드는 것도 사실이다. 이른바 상생과 동반 성장이 뜨거운 화두일 정도로 대기업이 모든 것을 독식하는 엄연한 현실에서 중소기업에 취업한다는 것은 그만큼 성공할 수 있는 기회도 줄어든다는 것을 의미함을 충분히 예상할 수 있기 때문이다.

정부는 취업률로 대학을 평가하며 재정 지원 등에서 제재를 가하고 있다. 취업 대책을 대학에 떠넘기는 격이다. 좋은 일자리는 늘지 않는 상황에서 모든 대학이 취업률 높이기 경쟁에 뛰어들면 그 결과는 2가지다. 첫째, '폭탄 돌리기'다. 일자리가 제한된 상황에서 한 학교의 취업률이 올라가면 다른 대학의 취업률은 당연히 내려간다. 둘째, 학생들의 '눈높이 낮추기'다. 대학생들이 취업하려 하지 않는 일자리로 대학이 등을 떠밀어 보내는 것이다. 그것이 과연 학교가 학생에게 할 일인지는 모르겠다.

좋은 일자리가 제공되지 않는 구조적 현실에서 취업 문제의 근본적인 해결은 요원하며, 그렇기 때문에 청년층이 취업 기회가 공정하다고 생각할 가능성은 매우 낮다. 기회의 공정성을 기회가 제공되는 구조적 맥락을 떼어놓고 생각하기 어려운 이유다. 그러한 구조적 맥락의 현실은 암울하다. 인턴직을 전전하는 어느 대학 졸업자의 경우가 이를 잘 보여준다.

인턴만 호황

취업 준비생 박대규(27·가명)씨는 부산에서 서울로 가는 버스를 탔다. 이날 오전과 다음 날 오후, 이틀에 걸쳐 대기업 면접을 봐야 하기 때문이다. 박씨가 5시간 동안 버스를 타고 서울에 와서 면접 볼 자리는 모두 '인턴직'이다. 그의 머릿속으로 한 대기업 인턴 모집 공고 문구가 스쳤다. "근무

조건: 기간제 근로자(계약 만료 후 고용 관계 소멸), 계약 기간 6개월." 단서 조항도 붙어 있었다. "인턴으로 채용되더라도 추후 정규 직원으로 채용하거나 채용 시험 시 우대 혜택은 없습니다." 노골적으로 '6개월 뒤 자르고 그걸로 끝'이라고 공언하고 있었다. 하지만 3월 11일 서류 접수를 마감한 이 인턴 자리에는 4,000명이 몰렸다. 경쟁률은 10:1이었다.

박씨가 면접 시험을 보는 곳도 크게 다르지 않다. 합격하면 매달 100여만 원을 받지만 일할 수 있는 기간은 10주에 지나지 않는다. 합격 여부도 기능할 수 없으나 설사 붙더라도 10주 뒤면 다시 '취업 준비생'이 된다. 인턴을 마친 뒤 박씨에게 주어지는 혜택은 '일부 성적 우수자'에게 정규직 신입사원 선발 시험에 응시할 경우 주는 가산점이다. 이 회사 인사 팀 관계자는 "일자리 나누기 차원에서 시행하는 인턴이기 때문에 가산점이 입사 시험 당락에 큰 영향을 미칠 정도는 아니다"라고 말했다.

박씨는 이미 인턴 유경험자다. 2011년 2월 대학을 졸업한 박씨는 학교 다닐 때부터 대기업 인턴은 물론 베트남에 있는 한국 현지 법인에서도 인턴으로 일했다. 토익은 900점, 학점은 4.0점(4.5점 만점)이다. 2011년 7월부터 지금까지 매일 아침 6시에 일어나 하루 2개의 스터디 모임 일정을 소화하면서 열심히 달려왔지만 그동안 입사원서를 낸 20여 군데에서 번번이 낙방했다. 그나마도 채용 공고가 자주 나지 않아 결국 박씨는 다시 '시한부 인턴' 자리라도 두드릴 수밖에 없었다. (중략)

불황 속에 인턴 자리만 늘어나면서 일자리를 찾는 취업 준비생들은 이 인턴에서 저 인턴으로 옮겨가는 '인턴 전업'을 반복하고 있다. 면접을 모두 마치고 다시 부산으로 내려가는 길. 박대규씨는 조용히 생각했다. '월급이 100만 원을 조금 넘어도 좋아. 오래 안정적으로 일할 수 있는 곳은 없을까?' 기업들은 울며 겨자 먹기로 인턴 자리를 내놓고, 취업 준비생들도 울며 겨자 먹기로 인턴 자리에 응시한다. 부실한 일자리 대책 속에 이렇게 젊음을 소모하는 불안한 20대들이 늘고 있다.

- 출처 : 〈한겨레 21〉, 제754호, 2009. 4. 3.

박씨에게 그만 포기하고 눈높이를 낮추라고 조언해야 할까? 그는 월급이 100만 원 정도에 불과할지라도 안정적으로만 일할 수 있는 직장이면 좋겠다고 생각한다. 대학 졸업장과 취업을 위해 수많은 시간과 노력, 비용을 투자했다. 그리고 바라는 결과는 월급 100만 원 정도의 안정된 직장이다. 박씨의 욕심이 지나친 걸까?

다음으로 '더 열심히 하라'는 조언에 대해 생각해보자. "명문대 출신도 줄줄이 떨어지는 대기업" 운운할 때는 더 '열심히 했어야' 했다라는 뜻이 담겨 있다. 물론 교육 기회가 충분히 공정했다면 어느 정도 수긍할 수 있는 비난이다. 과거에 열심히 노력하지 않은 결과를 받아들이라는 것이니까. 그런데 앞서 살펴보았듯이 과연 우리 사회에서 교육 기회가 실질적으로 공정하게 주어지는지는 의문이다. 불평등 구조는 차별적인 교육 기회 구조를 낳고 있기 때문이다. 학벌주의 사회에서 대학 졸업장은 또 다른 차별적인 기회 구조를 형성한다. "고작 수능 상위 20% 대학" 출신이면 명문대 출신에 비해 몇 배는 더 열심히 노력해야 된다는 조언이 사실 납득이 갈 수밖에 없는 현실이다.

학벌에 따른 학력 불평등 구조는 실질적인 취업 기회의 균등을 저해한다. 많은 이들이 명문대 출신이냐 아니냐에 따라 취업에 투입한 노력 대비 산출 결과가 확연히 달라진다고 믿고 있다. 절차 공정성은 확보되더라도(최소한 서류 접수는 일정한 자격 요건만 갖추면 누구나 할 수 있다) 분배 공정성은 먼 이야기다. 결국 경제적 불평등 구조는 차별적인 교육 기회 구조를 낳고, 이는 다시 차별적인 취업 기회 구조를 낳는다. 이렇게 불평등 구조를 축으로 교육 기회 구조와 취업 기회 구조는 서로 얽혀 있다.

시장과 공정성, 그 불편한 동거

2012년 한국에서 취업은 어떤 의미가 있을까? 취업난은 과연 개인의 능력에 따른 것일까, 아니면 사회적인 상황의 영향을 받을까? 다음의 이야기를 통해 어느 정도는 답을 구할 수 있다.

어린이 여러분, 대기업에 들어가는 거 어렵지 않아요

여러분이 대기업에 들어가려면 고등학교 졸업 후 이름만 들으면 아는 우리나라 3개 대학 중에 하나만 가면 돼요. 3개나 되니까 폭이 엄청 넓죠? 너무 쉬워요.

이렇게 대학에 입학하게 되면 4년간 학비가 적게는 5,000, 많게는 2억이 드는데, 걱정하지 마세요. 일단 부모님께 받아쓰면 돼요. 부모님께 받아쓰기 미안해서 안 되겠다구요? 그렇다면 편의점에서 알바를 하면 돼요. 시급

4,320원을 받고 10시간씩 1년을 숨만 쉬고 일만 했을 때 여러분은 1년간 그 돈을 꼬박꼬박 모으면 1년 학비가 생겨요.

이렇게 1년 공부하고 1년 알바하고, 1년 공부하고 1년 알바하면 8년 만에 대학을 졸업하게 돼요. 너무 쉽죠? 이렇게 대학을 졸업하면 토익 900점만 넘으면 대기업에 들어갈 수 있는데, 영어에 자신 없다구요? 그러면 6개월간 캐나다로 어학연수를 떠나면 돼요. 어학연수 갈 돈이 없다구요? 아까 그 편의점에 다시 들어가요. 그래서 다시 시급 4,320원씩 받고 숨만 쉬고 비코드만 찍어내는 이 일을 다시 1년을 하면 6개월의 어학연수비가 생겨요.

그래서 이 1,000만 원을 들고 어학연수 갔다 와서, 면접 때 좋은 인상을 주기 위해 성형수술을 하면 돼요. 성형수술비가 없다구요? 아까 편의점에 또 들어가요. 그래서 시급 4,320원씩 또 받고 바코드만 찍고 숨만 쉬고 돈을 모으면 성형수술비가 생기는데, 이렇게 대기업에 들어가서 10년 동안 꼬박 일만 하고 숨만 쉬고, 연봉과 보너스, 야근 수당을 모으면 그동안의 본전을 뽑을 수 있어요.

여러분, 이렇게 30년 동안 근면 성실하게 사건 사고 없이 대기업에서 일하면, 놀라지 마세요. 드디어 30년 만에 50이 넘어서 대기업 부장이 돼요. 그런데 그때 회장님 아들 서른 살이 상무로 오게 돼요. 여러분은 그분께 90도로 깍듯이 인사하며 그분의 비위를 맞춘다면 명예퇴직 칼날을 피해갈 수 있어요. 그러면 정년퇴직까지 문제없어요.

여러분 어때요? 대기업 직원 되는 거 너무 쉽죠? 이렇게 대기업 직원 돼서 대한민국 경제를 이끄는 글로벌 인재가 돼봐요! 대기업에 취직하기 위해 다음 생애에는 회장님 아들로 태어나봐요~!

— 출처 : KBS 〈개그콘서트〉 '사마귀 유치원', 2011. 10. 16.

한 개그 프로그램에서 방영된 내용이다. 유치원 아이가 자기 꿈이 대기업에 취직하는 것이라고 하자 선생님이 조언이랍시고 해주는 이야기다. 이 이야기에는 취업 기회의 공정성을 중심으로 교육 기회의 공정성과 학벌주의, 경제적 불평등의 현실을 절묘하게 풍자하고 있다. 이름만 들으면 아는 우리나라 3개 대학 중에 하나만 가면 된다. 3개씩이나 되므로 기회가 엄청 많다. 그 3개 대학 중 하나의 사례를 보자.

서울대학교 대학생활문화원 자료에 따르면 기회가 그리 공정해 보이지는 않는다(《한겨레21》, 제825호). 전문직 아버지를 둔 신입생 비율은 2003년 18.9%에서 2010년 21.3%로 늘어난 반면 아버지가 농축수산업에 종사하는 신입생 비율은 2.8%였던 것이 0.7%로 줄었다. 아버지의 교육 수준을 보면 대졸이 53%, 대학원졸이 28.8%로 대졸 이상의 학력이 압도적으로 많다. 아버지 학력이 고졸인 경우는 16.7%에 불과하다. 2004년에는 24.1%였다. 고졸 학력에 농축수산업에 종사하는 아버지를 둔 아이가 이른바 'SKY' 대학에 들어갈 기회는 그리 녹록지 않다.

그중 한 곳에 들어간다 해도 학비는 큰 부담이다. 지방에서 상경한 학생이라면 비용 부담은 더 크다. 부유한 집안 출신이라면 부모에게 받아쓰면 된다. 그렇지 않다면 최저 시급도 받기 어려운 시간제 노동을 해야 한다. 졸업은 늦어지고, 공부할 시간과 취업을 준비할 시간도 빼앗길 수밖에 없다. 학점 관리와 스펙 쌓기에 절대적으로 불리한 위치에 놓인다. 부모가 부유하다면 어학연수비를 받아 대기업에서 요구하는 영어 실력을 갖추면 된다. 면접을 위해 용모를 가꾸어야 된다면 역시 부모에게 돈을 받아내면 된다. 부모가 그 정도로 부유하지 않다면 장시간의 시간제 노동을 하거나 취업 준비에서 일정 부분은 포기해야 할 것이다. 역시 그만큼 좋은 일자리를 얻을 기회는 줄어든다.

물론 외국 유학을 다녀와 아버지 회사에 바로 이사로 입사하는 회장 아들에게는 전혀 해당 사항이 없는 이야기들이다. 그래서 다음 생애에는 회장님 아들로 태어나 대기업에 입사해보자고 한다. 꿈도 꾸지 말라는 이야기다. 이렇게 우리 사회의 경제적 불평등 구조는 개인의 교육 기회에 영향을 미치고, 학벌주의라는 학력 불평등 구조와 함께 취업 기회도 좌우하는 것이 현실이다.

기회의 균등이라는 자유민주주의의 이상은 공정한 경쟁을 핵심으로 한다. 그래서 기회의 공정성은 공정한 경쟁을 통해 기회를 배분하는 것이다. 그렇다면 공정한 경쟁이란 과연 무엇일까? 우선 경쟁 절차를 공정하게 한다는 의미다. 기회균등의 원칙은 평등이 전제됐을 때 실질적인 효력이 있다. 모든 조건에서 평등하다면 그 결과로 나타나는 불평등은 정당하다고 주장할 수 있다(송호근, 2009 : 106). 그래서 자유주의적 입장에서는 모든 조건이 동등할 때 그 이후에 나타나는 불평등은 개별적 책임으로 본다. 물론 타당한 주장이다. 그러나 현실적으로 모든 조건이 평등할 수 있을까? 공정성에 대한 고민과 논쟁은 바로 이 지점에서 비롯된다.

미국의 아메리칸드림은 봉건 유럽과는 달리 신대륙으로서 봉건 신분 질서가 존재하지 않는 평등한 사회였다는 조건이 있었기 때문에 가능했다. 그래서 '기회의 땅'으로 불렸다. 사회 구성원들이 서로 평등할 때 기회균등의 원칙은 설득력을 갖는다. 우선 신분적으로 평등해야 된다. 민주주의와 함께 발전한 자본주의는 신분 차별을 철폐하는 데 큰 기여를 했다. 바로 시장이라는 기제를 통해서다(장하준, 2010 : 280~281). 시장은 효율성을 극대화시킬 수 있는 능력을 갖춘 사람을 선호하기 때문에 신분이나 인종과 같은 타고난 특질에 따라 개인을 차별할 이유가 없다. 만약 그러한 차별을 지속한다면 비효율에 빠지며 시장의 원리에도 맞지 않는다.

이렇게 시장은 봉건적 불평등 구조를 빠르게 붕괴시켰다. 하지만 자본주의 사회가 발전하면서 새로운 불평등 구조가 자리 잡았다. 과거 신분에 따른 불평등은 경제적 소유에 따른 불평등으로 대치된 것이다. 이 새로운 불평등 구조는 과거의 신분에 따른 불평등 구조만큼이나 강고하다. 다른 모든 차이들을 경제적 능력이라는 단일 기준에 복속시키면서 효율이라는 시장의 절대 목표로 불평등 구조를 정당화하기 때문이다. 그래서 결국 기회균등의 원칙은 위협을 받는다.

시장 지배가 강해질수록 불평등은 심화되기 마련이다. "시장은 사실상 모든 권리를 침해한다"(Okun, 1989 : 46). 돈의 힘을 이용해 더 좋은 권리를 확보할 수 있기 때문이다. 물론 자유민주사회에서 권리는 모두에게 동등하다고 선언된다. 법 앞에 모두 평등하다고 하지 않는가? 그러나 실제로 돈은 더 능력 있는 변호사를 고용할 수 있게 해준다. 재력이 있는 광고주는 언론을 자신의 편으로 만들 수 있다. 정치 자금을 지원함으로써 정치적 과정에 영향력을 행사할 수도 있다.

시장이 지배하는 상황에서 기회균등은 형식적인 것에 그칠 경우 오히려 불평등을 조장하고 실질적인 공정성을 침해한다. 부자나 거지나 모두 다리 밑에서 잘 권리가 있다고 한다면 다리 밑에서 잘 기회는 동등하게 주어진 것이다. 그런데 부자나 거지나 모두 다리 밑에서 자는 것이 금지된다고 한다면 이것 역시 공평하다고 볼 것인가?

시장이 지배하는 현대 사회에서 형식적인 기회균등이 반드시 공정한 것은 아니다. 또한 시장 지배에 의한 불평등은 단순히 경제 영역에만 그치는 것이 아니다. 시장 원리에 따라 경제 불평등이 심화된 사회에서 기회균등의 외침은 공허하다. 자본주의에서 시장의 힘은 기회의 배분에 개입될 수밖에 없기 때문이다. 불평등한 사회에서 기회균등이란 사실 공정한 기회를 의미하지 않을 수 있다. 모든 것이 시장의 교환 대상이 될 때 기회의 공정성에 손상이 발생한다.

시장 논리에 복속돼서는 안 되는 영역들이 우리 사회에는 엄연히 존재한다. 극단적인 예로 장기 매매를 들 수 있다(Sandel, 2009: 103~104). 장기 이식으로 수많은 생명을 구할 수 있기 때문에 장기 매매를 허용하는 것은 매우 효율적이다. 하지만 모든 사회에서는 이에 대한 도덕적 불편함을 느끼고 장기 매매를 금지한다. 분명히 시장 논리가 적용돼서는 안 되는 영역이라고 느끼기 때문이다. 경제 불평등을 고려해 예상한다면 아마도 장기 매매가 허용된다면 저소득층 중에서 콩팥이나 눈 하나가 없는 사람들이 증가할 것이다.

더 현실적인 예를 들어보자. 교육 기회는 최소한 형식적으로는 균등하다. 교육 영역에 시장 논리가 침투하면 교육 기회균등 원칙이 흔들리고 나아가 교육 제도의 본래 가치가 손상될 수 있다. 사교육 시장이 문제되는 이유도 바로 이 때문이다. 명수와 강남 학생을 비교할 때 뭔가 불공정함을 느꼈다면 이는 교육 기회가 돈의 힘과 시장 논리에 따라 좌우되는 것이 부당하다고 생각했기 때문이다.

통계청의 〈2010년 사교육비 조사보고서〉에 따르면 월평균 소득 100만 원 미만 가구에서 자녀에게 사교육을 시키는 비율은 36%다. 반면 월평균 소득 700만 원 이상인 가구는 약 89%가 자녀에게 사교육을 시킨다. 사교육에 지출하는 월평균 비용을 보면 차이가 더욱 극명하다. 월평균 소득이 100만 원 미만인 가구는 자녀 1인당 사교육 비용이 월평균 6.3만 원이다. 700만 원 이상인 가구의 사교육 비용은 48.4만 원으로 무려 7배 이상 차이가 난다. 영어 과목에 대한 사교육 비용을 보면 차이는 더욱 극명해진다. 100만 원 미만 가정이 1.6만 원에 불과한 데 비해 700만 원 이상 가구는 16.3만 원이다. 10배 이상의 차이다.

물론 장기 매매의 예와 사교육의 예를 같이 놓고 비교할 수는 없다. 시장 논리가 사회의 모든 영역에 침투하면 기회가 아무리 균등하게 배분되고 개인의 자유가 충분히 허용되더라도 기존의 경제 불평등 구조는 오히려 또 다른 불평등을 낳으며 더욱 심화된다. 형식적 기회균등은 결과적으로 실질적 기회균등을 저해할 수 있다는 점을 다소 극단적인 예를 들어 지적한 것이다. 그럼에도 불구하고 자본주의 민주주의에서는 기회균등이 사회의 공정성을 보장할 것이라는 믿음이 지배적이다. 형식적 기회균등과 절차 공정성이 공정성의 핵심이라고 믿으며, 그 결과로 나타나는 불평등은 어쩔 수 없는 것으로 받아들여야 할까?

불평등하지만 공정하다?

일반적으로 자본주의 민주주의 체제에서 사람들은 결과적 평등에 대해 부정적으로 보는 경향이 있다(Okun, 1989 : 63). 더 많이 노력하고 더 많이 일했으면 그만큼 더 많이 갖는 것이 당연하다고 보고 불평등은 근본적인 결함이 아니라고 생각한다. 2011년 한국종합사회조사 자료를 보자. "한국은 소득 차이가 너무 크다"에 대한 질문이다. 여기서 동의는 83.9%였고 반대는 3.7%에 불과했다. 소득 차이가 크다는 의견이 압도적으로 많았다. 같은 자료의 또 다른 항목에서는 소득이 더 공평해져야 한다고 생각하는지, 아니면 노력하는 만큼 소득에 차이가 있어야 한다고 생각하는지를 물었다. 소득이 더 공평해져야 한다는 의견에 가까운 사람은 17.8%에 불과한 반면 노력하는 만큼 소득에 차이가 나야 한다는 의견에 가까운 사람은 70.5%에 이르렀다.

두 항목의 결과를 종합해 정리하면 다음과 같다. 사람들은 우리 사회의 소득 차이가 너무 크다고 생각하지만 그렇다고 해서 소득이 더 공평해질 필요는 없다고 생각한다. 소득 차이가 크긴 하지만 그것이 반드시 불평등한 것은 아니라는 것이다. 노력한 만큼 소득 차이가 나는 것은 당연하다는 생각이다. 전형적으로 기회균등의 원리에 입각한 인식이다.

2009년 한국종합사회조사에서 조사된 항목은 이러한 해석을 뒷받침해준다. [그림 7]을 보면 알 수 있듯이 우리 사회에서 소득과 재산이 평등한지 불평등한지를 물었을 때 평등하다는 응답이 15.2%, 불평등하다는 응답이 48.7%였다. 물론 소득과 재산이 불평등하다는 의견이 훨씬 많았지만 소득 차이가 너무 크다는 의견이 83.9%였던 것에 비하면 다소 의외의 결과다. 따라서 소득 차이가 너무 크다고

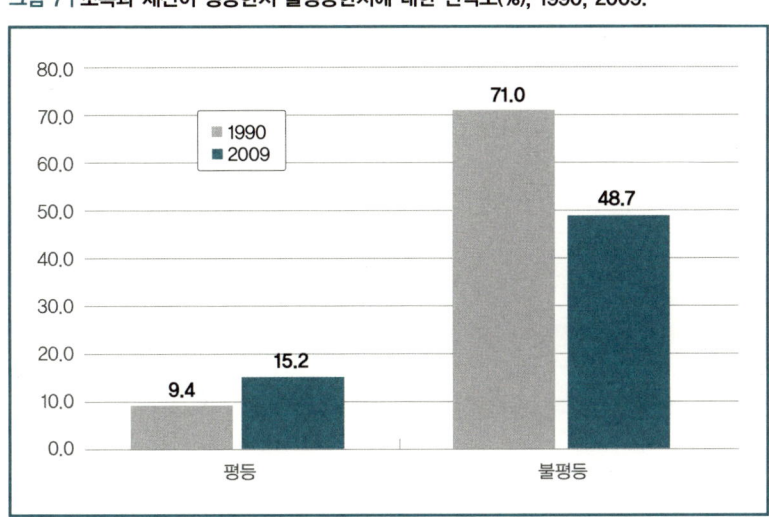

그림 7 | 소득과 재산이 평등한지 불평등한지에 대한 인식도(%), 1990, 2009.

생각하는 사람들이 대다수지만 그것이 불평등하다고 생각하는 사람은 그다지 많지 않다고 해석할 수 있다.

20여 년 전인 1990년 〈불평등과 공정성 조사〉에서 동일한 항목을 물었을 때 소득과 재산이 평등하다는 응답이 9.4%, 불평등하다는 응답이 71%였다. 이 조사에서는 소득 차이에 대한 의견을 묻는 항목은 없었지만 당시는 지금에 비해 소득 불평등 정도가 심하지 않았던 시기다.

소득 불평등 정도를 측정하는 대표적 지표로 지니계수가 있다. 1990년에는 지니계수가 0.266이었으나 2009년에는 0.320으로까지 올라갔다.[9] 당시 소득 차이가 지금처럼 심하지 않았음에도 훨씬 많은 사람들이 소득과 재산이 불평등하다고 인식했다는 것이다.[10]

사람들은 20여 년 전에는 소득 차이가 심하지 않았음에도 불평등하다고 생각했고, 오늘날에는 소득 차이가 심하다고 생각함에도 불구하고 그리 불평등하지 않다고 본다. 단순화하자면 이렇게 정리할 수 있다. 20년 사이에 사람들에게 무슨 일이 있었던 것일까? 왜 과거보다 소득 차이에 대해 너그러워진 것일까? 소득 차이가 바로 소득의 불평등이다. 그런데 소득 차이가 많지만 불평등 정도는 낮다고 본

---

9 통계청, 소득 분배 지표, http://kosis.kr/ 2인 이상 도시 근로자 가구의 시장 소득을 기준으로 한 수치다. 지니계수는 0~1까지의 값을 갖고, 1에 가까울수록 소득 불평등 정도가 심함을 나타낸다.
10 객관적 현실과 그에 대한 주관적 인식이 반드시 일치하는 것은 아니며, 오히려 다를 경우가 많다. 사회 조사를 통한 의견이나 태도 조사 자료를 해석할 때 특히 이 점을 유념해야 한다. 하지만 2009년 자료에는 소득 차이에 대한 의견을 묻는 항목이 없었기 때문에 이 부분을 확인할 수 없었다.

다는 것은 이 둘을 같은 개념으로 이해하지 않았다는 이야기다. 응답 결과로 미뤄 짐작할 때 설문 항목에서 '평등'과 '불평등'의 의미를 분배 공정성으로 파악한 것으로 보인다. 노력과 능력에 따라 소득이 배분되면 평등한 것으로 이해하고 응답했다는 것이다.

그렇다면 소득 차이가 심하지만 불평등하지 않다는 인식을 더 정확히 풀어보면 소득이 불평등해도 그리 불공정한 것은 아니라는 의미로 이해된다. 과거에는 불평등을 불공정하다고 생각했지만 지금은 불평등은 불공정하지 않다고 생각하는 경향이 확산된 것이다.

이러한 인식 변화는 아마도 형식적 기회균등 원리가 사회 전반에 널리 받아들여졌기 때문으로 보인다. 우리 국민들의 평등주의 심성은 유별나기까지 하다는 평가가 많다(송호근, 2009). 우리 사회의 평등주의적 가치가 과거에는 널리 퍼져 있다가 최근에 와서는 그 개념이 희미해졌을 가능성도 있다. 이는 외환 위기 이후 신자유주의의 확산 영향이 클 것이다. 자유시장경제의 논리를 많은 사람들이 받아들이면서 기회만 균등하게 보장된다면 소득 차이가 나타나는 것은 받아들일 만하다는 생각으로서 불평등하지만 공정하다고 생각하는 것이다.

다시 교육 기회 공정성으로 돌아가보자. [그림 1]에서 2009년 조사에 따르면 소득 수준별 교육 기회 공정성 인식 정도에는 별 차이가 없었다. 20여 년 전에는 어땠을까? [그림 8]을 보자.

2009년 조사 결과와 확연한 차이가 나타난다. 2009년에는 소득 수준에 따른 차이가 특별히 드러나지 않았다. 모든 소득 계층에서 교육 기회가 평등하다는 응답이 훨씬 많았고, 불평등하다는 응답은 하

그림 8 | 교육 기회가 평등한지 불평등한지에 대한 소득 수준별 인식도(%), 1990.

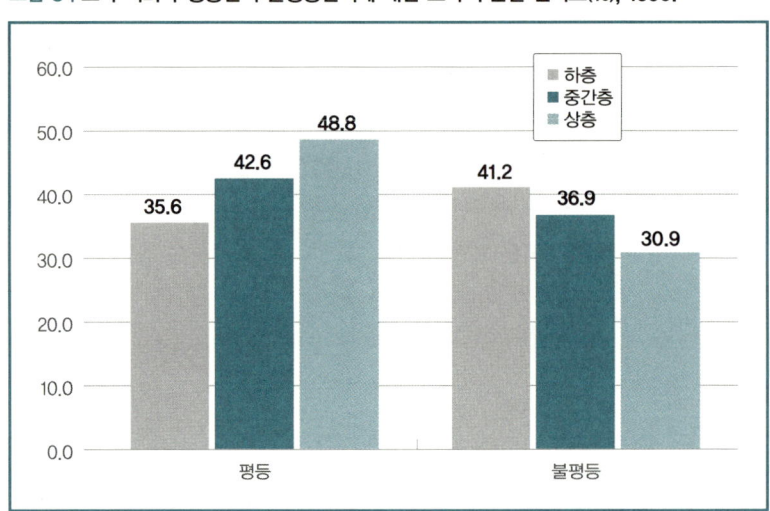

층 28.6%, 중간층 27%, 상층 27.6%에 불과한 수준에서 거의 차이가 없었다. 1990년에 하층의 경우에는 교육 기회가 불평등하다는 응답이 41.2%로 평등하다는 응답 35.6%보다 많았다. 중간층과 상층에서는 평등하다는 응답이 불평등하다는 응답보다 많고, 그 차이는 상층에서 더 크다. 그림에서 뚜렷이 나타나듯이 소득 계층이 올라갈수록 평등하다는 응답은 증가하는 반면 불평등하다는 응답은 감소하고 있다. 20여 년 전에는 현재와는 달리 교육 기회 공정성 인식이 소득 계층에 따라 상당한 차이가 있었음을 알 수 있다. 1990년 자료에 따르면 교육 기회 공정성에 대한 인식은 소득 계층에 따라 큰 차이를 보였다.

그런데 2009년에 와서는 계층 간의 차이가 거의 발견되지 않는다. 그동안 무슨 일이 있었던 것일까? 시장 체제에 적응해 불평등을 당연히 받아들이는 경향이 만연하게 된 것은 아닐까? 심지어 불평등 구조에 의해 가장 피해를 보는 저소득층마저도 이제는 소득 차이를 당연한 것으로 받아들이고 있다. 열심히만 노력하면 누구나 잘살 수 있다고 믿고 싶을 것이다. 그런데 능력과 노력만으로 결과가 보상되지 않을 수 있다. 시장 논리가 사회의 모든 영역으로 퍼지면서 돈의 힘이 결과를 좌지우지하는 경우가 일반적이기 때문이다. 그럼에도 불구하고 시장 논리가 사회 구성원의 의식까지 지배하면 사람들은 경제력에 의한 불평등을 당연시하게 되고, 불평등 구조에 대한 문제 제기를 가장 치열하게 해야 할 당사자인 저소득층마저도 현실에 순응할 수 있다. 이렇게 되면 진정한 공정성으로의 길은 갈수록 멀어지게 된다.

기회 공정성의 겉과 속

우리나라의 소득 불평등 정도가 갈수록 악화돼간다는 점에서는 대부분이 동의한다. 그래서 양극화를 우려하는 목소리는 점점 더 커지고 있다. 그럼에도 사람들은 교육 기회가 공정하게 주어지고 있다고 평가한다. 심지어 저소득층도 교육 기회가 평등하다는 의견이 훨씬 많았다. 상층이나 중간층과의 의견 차이가 거의 없었다. 그 이유는 기회 공정성을 주로 형식적 기회균등의 원리와 절차 공정성 차원으로 인지하고 있기 때문이다. 민주화 과정을 거치면서 과거에 비해 실제로 절차 공정성이 지속적으로 개선됐을 수 있다. 그런데 절차만 공정하면 공정한 것이라고 볼 수 있을까? 불평등한 현실에서도 절차가 공정하니까 공정하다고 할 수 있는가?

불평등의 맥락을 명확히 제시하고 교육 기회의 공정성을 판단하도록 할 경우 사람들은 이에 대해 더 이상 형식적 기회균등과 절차 공정성으로만 평가하지는 않는다. 소득 계층에 따른 공정성 인식의 차이도 뚜렷이 나타난다. 하층이 상층에 비해 교육 기회 공정성을 부정적으로 인식하는 것이다. 결국 불평등과 공정성은 어느 지점에서는 얽혀 있게 마련이다. 그럼에도 사람들은 왜 절차만 공정하면 기회가 공정한 것으로 인식하는 것일까? 아마도 형식적 기회균등의 게임 규칙을 받아들이게 된 때문일 것이다. 이러한 게임 규칙하에서 과연 기회의 공정성이 보장되는가? 분배 공정성을 추가적으로 고려해 실질적 기회균등을 함께 생각할 필요가 있다.

불평등한 상황에서 형식적 기회균등은 불평등을 심화시키기 마련이다. 불평등의 맥락을 고려하지 않으면 그냥 막연히 절차가 공정하니까 공정하다고 인식할 수 있다. 하지만 불평등 맥락을 염두에 두면 절차가 공정하더라도 뭔가 공정하지 않다는 느낌을 갖는다. 사회적 기회가 투명한 절차에 따라 평등하게 주어지는 것이 게임 규칙이라 하자. 형식적으로는 분명히 공정하다 말할 수 있다. 그런데 그 결과는 어떨까? 역량과 자원을 충분히 확보하고 있는 사람은 그렇지 못한 사람에 비해 늘 유리하다.

여기서 역량과 자원은 사회의 불평등 구조에서 그 사람의 위치가 어디인가에 따라 크게 좌우된다. 형식적 기회균등이라는 절차 공정성을 바탕으로 능력과 노력에 따라 결과가 공정하게 배분되면 공정하다고 볼 수 있다. 하지만 경제 불평등이 심한 상황에서는 결과가 능력과 노력에 의해서보다 오히려 재력에 따라 결정되는 경향이 나타난다.

경제적 위치에서 상층에 위치한 사람은 공정한 절차에서 늘 더 많은 기회를 확보하고 실제로 그 기회를 실현한다. 이는 기회 공정성의 핵심인 교육 기회 공정성에서 극명하게 드러난다. 상층 출신은 풍부한 경제적 자원을 바탕으로 학업 역량을 비교적 수월하게 향상시킬 수 있다. 사교육이 지배하는 교육 현실을 떠올리면 쉽게 이해할 수 있다. 강북의 살림이 어려운 집 아이인 명수가 학습 능력이 뛰어나고 열심히 노력한다 해도 비슷한 학습 능력을 갖추고 비슷하게 노력하는 강남의 부유한 집 아이를 이기기는 버겁다. 대학에 입학하는 절차가 아무리 공정하다 해도 이러한 상황에서 주저 없이 교육 기회가 공정하다고 주장할 수 있을까?

교육 기회의 절차 공정성을 사람들이 높게 인식한다고 해서 우리나라의 교육 기회 공정성이 충분히 확보됐다고 만족할 수는 없다. 기회균등은 자유민주주의의 주요 가치고 그 가치의 구현을 위해서는 공정한 교육 기회가 핵심이다. 어느 영역보다 훨씬 엄정한 공정성의 잣대가 적용돼야 한다. 게다가 학교는 시민적 덕성을 배양하는 곳이라는 점에서, 절차 공정성만 확보하고 나머지는 시장에 맡기면 된다는 인식은 매우 위험하다.

취업 기회의 공정성에 대해서는 교육 기회 공정성에 비해 사람들이 훨씬 더 부정적으로 인식하고 있다. 교육 기회에 대해서는 평등하다는 의견이 많았던 반면 취업 기회 공정성에 대해서는 불평등하다는 의견이 훨씬 많았다. 특히 20대 청년층의 불공정성 인식이 두드러지게 나타난다. 이는 취업 기회의 경우 불평등 구조와의 관련성을 더 민감하게 의식하기 때문이다. 불평등 구조와 관련해 노동시장 구조와 학력 불평등 구조, 즉 학벌주의가 취업 기회에 추가적인 영향을 미친다. 경제 불평등 구조는 취업 기회 구조에 영향을 미친다. 대학 학비를 포함해 취업에 투자하는 상당한 비용을 감당해야 되기 때문이다.

뿐만 아니라 경제 불평등 구조는 교육 기회 구조에 영향을 미침으로써 취업 기회 구조에도 간접적인 영향을 미친다. 학벌주의라는 학력 불평등이 지배하는 상황에서 부유한 집 자제는 이른바 명문대를 거쳐 좋은 일자리를 잡을 가능성이 상대적으로 크기 때문이다.

경제 불평등과 기회 공정성은 긴밀히 얽혀 있다. 건국 초기에 기회의 평등이 거의 이상적인 형태로 구현됐던 미국은 현재 선진국 중에서 가장 불평등이 심한 나라로 꼽힌다. 기회 평등이라는 가치는 미국 사회에서 아메리칸드림이라는 문화적 에토스가 강력하게 지배하도록 했다. 하지만 구조적 불평등을 무시한 아메리칸드림의 문화적 요구는 오히려 수많은 사람들을 고통에 빠뜨리고, 심각한 사회 문제를 낳고 있다는 주장이 제기된다(Messner & Rosenfeld, 2007). 선진국 중에서 타의 추종을 불허할 정도로 심각한 범죄 문제에 시달리는 상황이 그중 하나다. 불평등을 고려하지 않고 형식적 기회균등에만 매달리는 사회가 겪을 수 있는 결과다.

그래서 공정성을 판단하는 기준으로 형식적 기회균등과 절차 공정성만 고려하는 것은 위험하다. 기존의 불평등 구조를 심화시킬 가능성이 농후하기 때문이다. 나아가 사회는 그에 따른 값비싼 대가를 치를 수 있다. 물론 형식적 기회균등은 공정성의 출발점이자 핵심이다. 그렇지만 전부는 아니며, 어쩌면 최소 기준에 불과할 수 있다. 그러므로 사람들이 형식적 기회균등과 절차 공정성으로만 기회 공정성을 인식하는 경향은 위험하다. 절차만 어느 정도 공정하면 기회가 공정하게 주어지는 것으로 받아들이는 분위기가 지배하거나 그것을 당연한 게임 규칙으로 여기면 결과적으로는 불평등 구조가 심화됨에도 불구하고 우리 사회는 공정하다고 믿게 된다.

불평등은 더욱 심화될 것이고, 기회 공정성의 현실은 왜곡될 것이다. 결국 문제는 불공정이 아니라 불평등이다. 불평등해도 절차만 공정하면 공정한 사회라고 강변할 것인가? 아니면 공정하면서 평등한 사회를 지향할 것인가? 어떤 사회가 과연 진정한 의미의 '공정 사회'일까?

오늘의 공정 사회는 절차 공정성을 넘어 분배 공정성으로, 더 나아가 불평등 구조의 개선을 목표로 해야 한다. 만약 불평등이 심한 사회는 공정하지 못한 사회라는 인식에 동의한다면 말이다. 공정성을 "사회 구성원들이 대체로 만족하는 자유와 평등의 적정 조합 내지는 적정 분배"로 보는 시각도 있다(송호근, 2009: 124). 이는 공정성이 결국 자유와 평등의 균형을 어떤 수준에서 유지할지에 대한 사회적 합의의 문제라는 의미로 받아들일 수도 있다. 우리는 어떠한 공정성에 합의해야 할 것인가?

공정 사회를 위해서는 근본부터 개선해야 한다. 기회균등이 실질적 효력을 발휘하기 위해서는 제반 조건이 평등해야 한다. 따라서 절차 공정성과 더 나아가 분배 공정성이 실질적으로 확보되려면 사회의 불평등 구조부터 개선해야 한다. 심각한 정도의 불평등 구조는 그대로 두고 절차 공정성만을 강조하면 시장자본주의 체제에서 불평등 구조는 갈수록 심화되게 마련이다. 그런 이유로 진정한 공정 사회를 위해서는 복지를 이야기할 수밖에 없다. 보편적 복지냐 시혜적 복지냐를 둘러싸고 정치 논쟁이 치열하다.

물론 둘 다 불평등 구조를 개선하는 데는 도움이 된다. 그러나 시혜적 복지를 중심으로 복지 정책을 펴는 나라를 복지 국가라 하지는 않는다. 우리의 현실에서 어떠한 형태의 복지가 실질적으로 복지를 개선하는 데 도움이 될지 실증적이고 이성적인 토론을 통해 합리적으로 합의해 나아가야 한다.

기회균등에 입각한 시장의 자유로운 경쟁에 맡겼을 때 이른바 '누수 효과'도 발생하지 않음을 충분히 지켜보았다. 대기업이 독식하고 서민들은 신음한다. 그래서 우리 사회가 추구해야 할 공정성에 대한 공동체적 합의가 필요하다. 그 합의의 내용은 자유지상주의자들이 이야기하는 형식적 기회균등은 아니어야 한다. 자유지상주의자들이 원하듯 공정성과 불평등은 분리될 수 있는 것이 아니다. 이는 기회 공정성의 겉과 속을 이루며 하나의 덩어리로 움직인다. 완전히 평등한 사회는 존재할 수도 없고 바람직하지도 않다. 완전히 평등하다고 공정한 것도 아니다.

하지만 최소한 인간으로서의 주요한 욕구와 사회적으로 주요한 가치에 대해서는 평등해야 한다. 그리고 그러한 영역으로 시장이 침투하는 것은 막아야 한다. 그렇지 않을 경우 불평등은 지나치게 심화돼 공정성을 이야기할 수 없는 상황이 된다. 심각한 불평등 가운데 공정한 사회는 존재하지 않는다. 시장의 도덕적 한계에 대한 공동체적 합의가 필요한 이유다(Sande, 2009 : 366~367).

어렵게 사는 사람들은 부자들을 보며 이렇게 생각할 수도 있다. '그래, 그 사람들은 열심히 살았으니까 저렇게 잘살겠지.' 그런데 한편으로는 이런 생각도 들 것이다. '근데 나는 열심히 안 살았나?' 누구나 열심히만 살면 남부럽지 않게 살 수 있는 사회, 그런 사회가 진정으로 공정한 사회이며, 그러한 사회를 위해서는 불평등의 개선을 진지하게 고민해야 된다. 시장 논리의 전방위적 침투에 대해서도 심각하게 비판해야 한다.

기회의 겉은 형식적인 기회균등이다. 그렇지만 기회의 속은 실질적인 기회균등으로, 이는 불평등한 현실과 얽혀 있다. 기회균등이라는 원칙의 겉만 보고 우리 사회는 공정하다고 자위할 것인가, 아니면 기회균등의 속을 꺼내놓고 진정한 공정 사회를 위해서는 어떻게 해야 할 것인지 진지하게 고민할 것인가?

| 5장 |

소수자는 과연 공정하게 살아가는가
한국 사회의 소수자 공정성

송유진(동아대학교 사회학과 교수)

한국인들은 외국인이 한국 경제에 도움이 되고 다양한 문화를 유입한다고 생각한다. 외국인의 수가 늘어야 한다는 비율도 높은 편이다. 한국 사회가 선진 국가로 발전하기 위해서는 관용이 필요하다. 저출산·고령화로 인해 한국 사회가 직면한 각종 위기는 부인할 수 없는 현실이다. 따라서 외국인의 유입은 앞으로도 어떤 형태로든 지속될 수밖에 없다. 그렇다면 이들과 어떻게 더불어 살아가야 하는지에 대한 지속적인 고민과 노력이 필요하다.

당신이 부모라면 누구를 선택할 것인가

혜진은 이제 33세다. 대학을 마치고 미국에서 석사 학위를 받고 돌아와 국내 유수의 A기업에 다닌다. 학업 성적이 좋고 능력도 좋아서 팀장급 직책을 맡고 있으며 앞날도 유망하다. 그런 딸을 볼 때마다 부모는 남부러울 게 없으나 단지 결혼이 더 늦어질까 봐 걱정이 이만저만이 아니다. 그러나 그런 걱정도 어느 날 혜진의 선언으로 한시름 놓게 됐다.

"엄마, 아빠. 내가 미국에 있을 때 알게 된 남자가 있는데, 마이클이라고 해. 작년에 한국으로 들어왔어. 1년 정도 연애를 했는데…… 실은 결혼할까 생각 중이야. 그래서 다음 주에 엄마 아빠에게 소개시키려 하는데, 어떻게 생각해?"

딸의 말이 끝나기도 전에 부모는 가슴이 덜컹했다. 그들은 딸이 대기업의 능력 있는 남자와 결혼해 한국에서 평범하게 살기를 바랐던 것이다. 당황스런 표정으로 엄마가 물었다.

"미국인이니?"

"당연하지. 미국에서 만났으니까."

"그래…… 지금 한국에서 뭐하니?"

"학원에서 영어 강사 해. 키도 크고 잘생겼어. 일리노이주립대 졸업했고 현재 34세야."

두 사람은 서로의 얼굴을 마주보다가 입을 다물었다. 딸은 그 침묵의 의미를 알기에 짐짓 명랑한 목소리로 말했다.

"걱정하지 마. 좋은 사람이야. 그러니 다음 주에 일단 만나봐."

다음 주에 두 사람은 딸이 소개하는 남자친구를 만났다. 그는 전형적인 미국 백인이었다. 비록 한국에서의 직업이 썩 마음에 들지는 않았으나 인성은 좋아 보였다. 하지만 전통적인 보수 사상에 젖어 있는 두 사람은 딸을 외국인과 결혼시키고 싶은 마음이 들지는 않았다.

영숙은 34세의 엘리트로 다국적 기업인 T사의 한국 지점에서 근무한다. 외국 유학을 갔다 오지는 않았으나 부지런히 공부해서 영어 실력이 매우 뛰어났다. 그러나 이성에 그다지 관심이 없어 이제까지 한 번도 연애를 하지 않았다. 역시 부모의 마음은 조마조마했다. 그러던 어느 날 영숙은 부모에게 놀라운 말을 했다.

"우리 회사에 더글러스라는 남자가 있는데, 하버드대학 출신의 컴퓨터 엔지니어야. 전문직 특채로 2년 전에 우리 회사에 들어왔어. 그 남자가 내게 데이트 신청을 해서 몇 번 만났거든…… 학벌도 좋고, 실력도 좋고, 성격도 좋아서 결혼 상대자로 어떨까 생각 중이야. 다음 주에 그 사람을 소개할까 하는데…… 엄마 아빠는 어떻게 생각해?"

영숙의 부모는 깜짝 놀랐다. 아무리 세계화 시대라지만 외국인 사위는 한 번도 생각해본 적이 없었기 때문이다. 그나마 하버드 출신이라는 말에 위안이 됐다.

"글쎄, 네가 맘에 든다면 우리야 딱히 반대할 건 없지만…… 일단 만나보고 결정하자."

다음 주에 두 사람은 딸이 소개하는 남자를 만났다. 첫 대면에서 두 사람은 기겁할 정도로 놀랐다. 그는 흑인이었다. 그러나 그런 내색을 하지 않고 아버지가 차근차근 물었다.

"고향이 미국이오?"

"아닙니다. 자메이카입니다. 중남미에 있는."

"아! 알아요."

두 사람은 남자가 미국 본토인이 아니라 자메이카 출신이라는 말에 실망을 감출 수 없었다.

당신이 혜진의 아버지(또는 어머니)라면 딸의 결혼을 찬성하겠는가, 아니면 반대하겠는가? 어느 쪽을 선택하든 그 이유는 무엇인가?

당신이 영숙의 아버지(또는 어머니)라면 딸의 결혼을 찬성하겠는가, 아니면 반대하겠는가? 어느 쪽을 선택하든 그 이유는 무엇인가?

만일 (극단적 경우이긴 하지만) 혜진이 첫째 딸이고, 영숙이 둘째 딸일 때 둘 중 한 명만 선택하라고 한다면 마이클과 더글러스 중 누구를 선택할 것인가? 그 이유는 무엇인가?

당신은 외국인을
'우리'라 받아들일 수 있는가

32세의 김 대리는 매일 출근 전 영어 학원에 간다. IT기업에 종사하면서 해외 영업을 담당하다 보니 외국 출장도 잦고 바이어들과 영어로 통화를 하거나 이메일을 주고받는 작업이 잦다. 영어 실력을 향상시키기 위해 매일 새벽 미국 출신 원어민 강사와 전화로 무역 관련 회화를 1시간씩 연습한다.

회사로 가는 지하철과 회사 근처에서 다양한 국적의 외국인 근로자들을 스쳐지난다. 회사에서는 최근 인도와 동남아 지역에서 IT 관련 직원을 채용해 매일 이들과 함께 업무를 본다. 물품 확인을 위해 공장으로 가면 아프리카와 동남아 출신 근로자들이 대부분이다. 회사 식당이나 근처 식당에서는 대부분 조선족 아주머니들이 서빙을 한다.

퇴근 후 대학 동기와 만나기로 한 자리에 나가보니 곧 결혼한다며 청첩장을 가져왔다. 결혼 상대자는 동남아 여성. 여행 중에 만나서 연애하다 드디어 결혼을 한단다. 집에 돌아가니 오랜만에 고향에 계신 부모님이 전화를 하셨다. 이장님 아들이 베트남 여성과 결혼을 해서 동네 잔치를 했다며, 고향 마을에 베트남 여성이 많다고 하신다.

한국인의 일상에서 외국인을 만나는 것은 더 이상 낯설지 않다. 위의 사례에서 보듯이 원어민 강사, 전문직이나 단순 노무직에 종사하는 외국인 근로자, 외국인 유학생, 결혼 이민자 등 다양한 국적의 외국인들이 다양한 경로로 한국에 입국해 한국인들과 어울려 살고 있다.

외국인 주민은 3개월 이상 한국에 거주하는 장기 체류 외국인과 귀화자, 외국인 주민 자녀(외국인 부모의 자녀, 외국인과 한국인 부부 사이의 자녀, 한국인 부모의 자녀이지만 국적이 외국인 경우) 등을 포함한다. 외국인 주민의 수는 꾸준히 증가해 2009년 이후 100만 명을 넘었다. 행정안전부의 자료에 따르면 2012년 1월 1일 기준으로 한국에 거주하는 외국인 주민 수는 140만 명가량으로 조사됐다(그림 1] 참조). 이는 우리나라 전체 주민등록 인구의 2.8%에 해당한다.

외국인 주민 중 한국 국적을 가지지 않은 사람은 79.3%, 한국 국적을 가진 사람은 20.7%다. 한국 국적을 가지지 않은 사람 중 41.8%는 외국인 근로자, 10.2%는 결혼 이민자, 유학생은 6.2%, 외국 국적 동포 9.6% 등의 순이다. 한국 국적을 지닌 사람 중 대다수는 결혼 이민자와 외국인 주민 자녀다(행정안전부 보도자료, 2012).

그림 1 | 외국인 주민 수의 추이(단위: 1,000명)

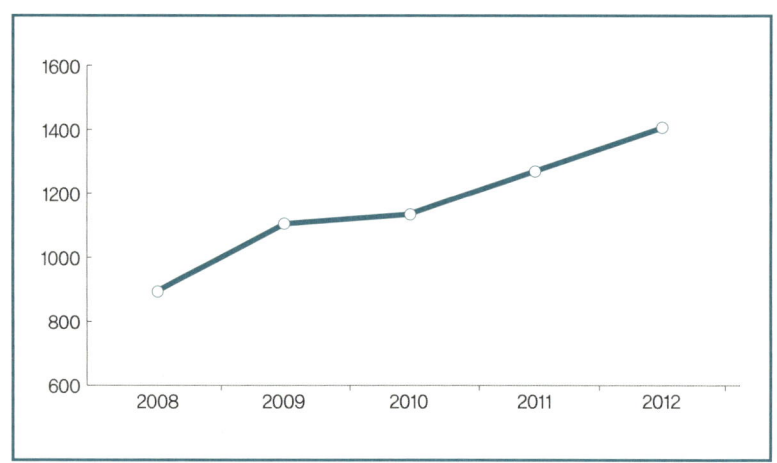

- 출처: 행정안전부 보도자료, 2012.

　외국인 주민을 유형별과 국적별로 살펴보면 2012년 현재 외국인 근로자가 가장 많은 비중을 차지한다. 출신 국가도 다양하게 나타나는데, 조선족과 한족을 포함한 중국 국적 소지자가 과반수를 넘는다. 그 외 베트남, 미국, 필리핀, 기타 동남아 순으로 나타나며 점차 다양한 국적을 지닌 외국인들이 유입되고 있다([그림 2] 참조).

　외국인 주민의 수가 늘어나고 출신 국가도 다양해지고 있지만 외국인들은 여전히 한국 사회에서 소수자minority에 속한다. 소수자란 반드시 수적으로 적은 사람들을 의미하는 것은 아니다. 남아프리카 공화국의 흑인들이 대표적인 예다. 남아공에서 흑인들은 수적으로는 다수지만 권력과 사회적 지위에서 열세에 있으며, 흑인이라는 이유로 차별을 받는다. 즉 소수자란 사회의 여러 영역에서 지배적으로 생각되는 기준이나 가치를 달리한다는 이유로 차별 대상이 되며, 권

그림 2 | 외국인 주민의 유형별, 국적별 구성

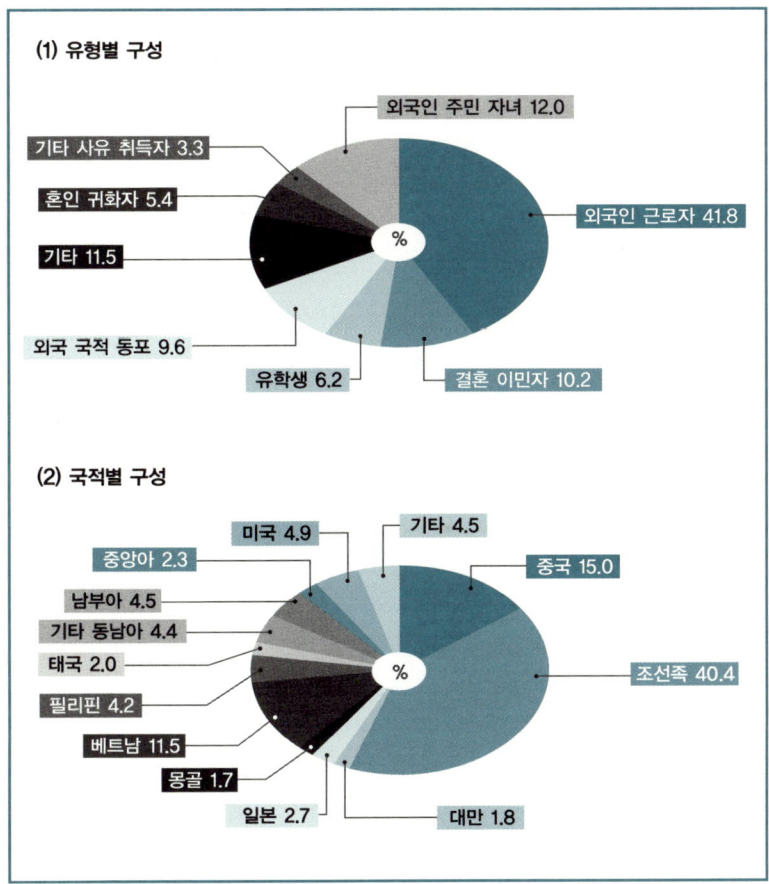

– 출처: 행정안전부 보도자료, 2012.

력과 사회적 지위에서 열세에 있는 사람들을 의미한다.

오랜 세월 단일민족 국가로 살아온 한국인들은 외국인을 관광객이나 유학생처럼 일시적으로 머물렀다 가는 이방인으로 생각해왔다. 한국인과 결혼을 하거나 오랜 기간 한국에 거주하며 일상생활에서 마주치는 외국인은 거의 생각해보지 않았다. 그런데 한국인과 결혼해 자녀를 두는 결혼 이민자, 각종 직종에서 장기간 근무하는 외국인 근로자가 짧은 시간에 급격한 속도로 늘어나자 한국인들은 마음의 준비를 제대로 하지 못한 채 외국인을 일상에서 마주치게 됐다.

외국인 주민 수가 늘어남에 따라 최근에는 제도적으로나 정책적으로 이들에 대한 차별을 줄이고 처우 측면에서 공정성을 제공하려는 노력이 이뤄지고 있다. 그러나 처우나 절차 공정성을 제공하는 것에 앞서 한국인들이 외국인에 대해 지니는 태도와 사회적 거리감, 한국인들이 외국인 주민을 '우리'로 받아들이는가 하는 문제, 즉 인식 공정성에 대한 충분한 논의가 필요하다. 특히 공정성이란 상대적이고 주관적인 판단에 근거하기 때문에 인식적인 측면을 살펴보는 것이 상당히 중요하다.

이를 위해 이 장에서는 기존의 조사 자료나 연구들을 활용해 (1) 한국인의 외국인에 대한 태도를 알아보고, (2) 외국인의 국적에 따라 사회적 거리감에 차이가 있는지를 살펴본 후 (3) 일상생활에서 한국인과 외국인의 상호 차별 경험 및 관계 등을 살펴본다.

외국인에 대한 한국인의 태도

한국인들이 외국인에 대해 어떤 태도를 지니는지 살펴보기 위해 2003년과 2010년에 실시된 한국종합사회조사 자료를 활용했다. 한국종합사회조사는 매년 전국 규모로 실시하는 대규모 설문조사다. 문항 중 일부는 국제종합사회 조사(ISSP)에서 사용하는 것과 동일해 여기에 참여한 40개국과 비교가 가능하다.

외국인에 대한 질문은 2003년과 2010년 조사에 포함돼 있다. 외국인에 대한 태도를 알아보기 위해 다음의 3가지 진술, "이민자(외국인 주민)는 한국 경제에 도움이 된다", "이민자는 한국인의 일자리를 빼앗는다", "이민자는 새로운 문화를 유입한다"에 대해 찬성하는 정도를 응답하게 했다.

[그림 3]을 살펴보면 "이민자는 한국 경제에 도움이 된다"는 항목

에 2003년에는 응답자의 54%가 찬성하고 30%가 중립, 16%가 반대했다. 이에 비해 2010년에는 50%가 찬성하고 35%가 중립, 15%가 반대했다. 즉 외국인의 경제 활동에 대해 과반수가 긍정적이지만 2010년에는 긍정적인 태도가 줄어들고 중립적인 태도가 약간 늘어났다.

"이민자는 한국인의 일자리를 빼앗는다"라는 부정적인 진술에 대해서는 2003년 조사에서는 응답자의 24%가 찬성, 29%가 중립, 47%가 반대했다. 이에 비해 2010년 조사에서는 응답자의 29%가 찬성, 31%가 중립, 41%가 반대하는 것으로 나타났다([그림 3] 참조). 즉 일자리에 있어서 외국인이 한국인과 경쟁 상대가 된다고 느끼며, 외국인의 경제 활동을 부정적으로 생각하는 태도가 늘어났다. 일자리와 관련된 태도는 응답자의 사회 경제적 특성에 따라 다르게 나타날 수 있

그림 3 | 이민자는 한국 경제에 도움이 된다 vs 이민자는 한국인의 일자리를 빼앗는다

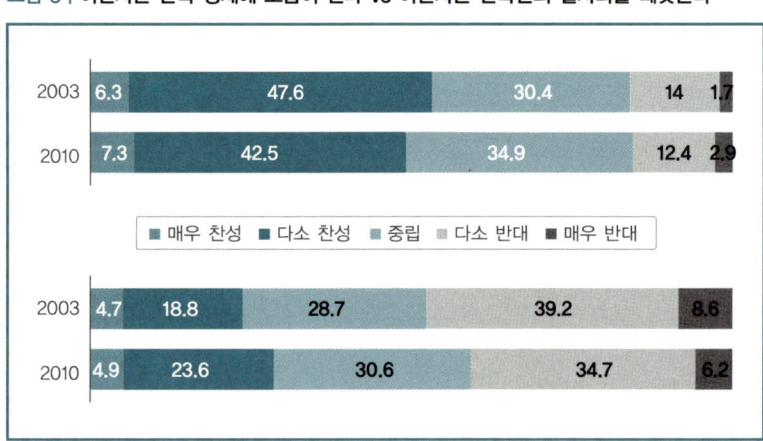

- 출처 : 한국종합사회조사 2003, 2010.

그림 4 | 이민자는 새로운 문화를 유입한다

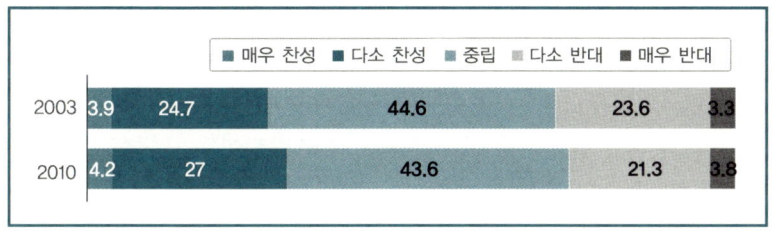

- 출처: 한국종합사회조사, 2003, 2010.

다. 또한 2008년 이후 악화된 경제 상황이 2010년 조사 당시 응답자들의 태도에 영향을 미쳤을 수도 있다. 그럼에도 불구하고 외국인의 경제 활동에 대해 부정적인 태도가 조금씩 늘어나고 있다는 점은 주목해야 한다.

[그림 4]에 제시된 내용은 "이민자는 새로운 문화를 유입한다"는 진술에 대한 결과다. 2003년의 경우 응답자의 29%가 찬성, 45%가 중립, 27%가 반대했으며, 2010년에는 응답자의 31%가 찬성, 44%가 중립, 25%가 반대로 나타났다. 종합하면 외국인의 경제 활동에 대해서는 조금이나마 부정적인 태도가 늘어난 반면 문화 유입의 측면에서는 긍정적인 태도가 늘어났다.

[그림 5]에 제시된 내용은 외국인에 대한 전반적인 태도를 알아보기 위해 외국인의 수가 앞으로 어떠해야 한다고 생각하는지를 질문한 결과다. 2003년 조사에서는 응답자의 26%가 외국인 수가 지금보다 늘어야 한다고 응답했고, 38%는 지금 수준을 유지하는 것이 좋다고 답했으며, 36%는 지금보다 줄어야 한다고 응답했다.

2010년 조사에서는 외국인의 수 증가에 대한 질문을 결혼 이주

그림 5 | 외국인 수 증가에 대한 태도

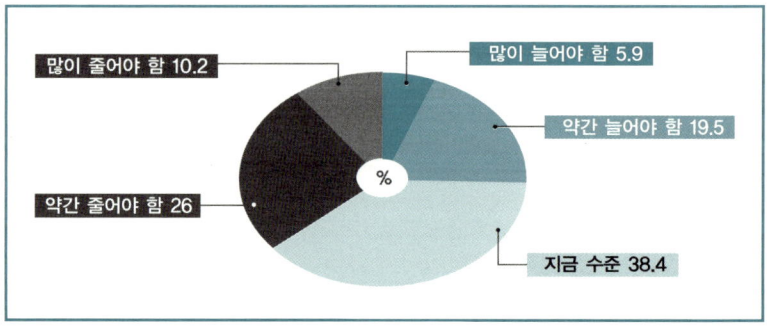

— 출처: 한국종합사회조사, 2003.

여성, 생산직 외국인 근로자, 전문직 외국인 근로자로 나뉘었으며, 각 유형에 따라 응답 비율에 약간의 차이가 있었다. 결혼 이주 여성과 생산직 외국인 근로자에 대해서는 지금보다 늘어야 한다는 응답이 각각 27%와 32%로 나타난 반면, 전문직 외국인 근로자에 대해서는 49%가 지금보다 늘어야 한다고 응답했다. 또한 지금보다 수가 줄어야 한다는 응답은 결혼 이주 여성, 생산직 외국인 근로자, 전문직 외국인 근로자에 대해 각각 38%, 36%, 25%로 나타났다([그림 6] 참조). [그림 6]의 결과는 외국인에 대한 한국인의 이중적 태도를 반영한다. 즉 같은 외국인이라도 결혼 이주 여성이나 생산직 외국인 근로자보다 전문직 외국인 근로자에 대해서는 호의적인 태도를 보인다. 그렇다면 결혼 이주 여성보다 생산직 외국인 근로자 수가 지금보다 늘어야 한다고 생각하는 비율이 더 높은 것은 어떻게 해석할 수 있을까?

결혼 이주 여성은 한국에 계속 머물러 살 것이고 자녀를 출생한다는 점에서 일정 기간 한국에 머무르다 본국으로 돌아가는 외국인 근

그림 6 | 결혼 이주 여성, 생산직 외국인 근로자, 전문직 외국인 근로자 수 증가에 대한 태도

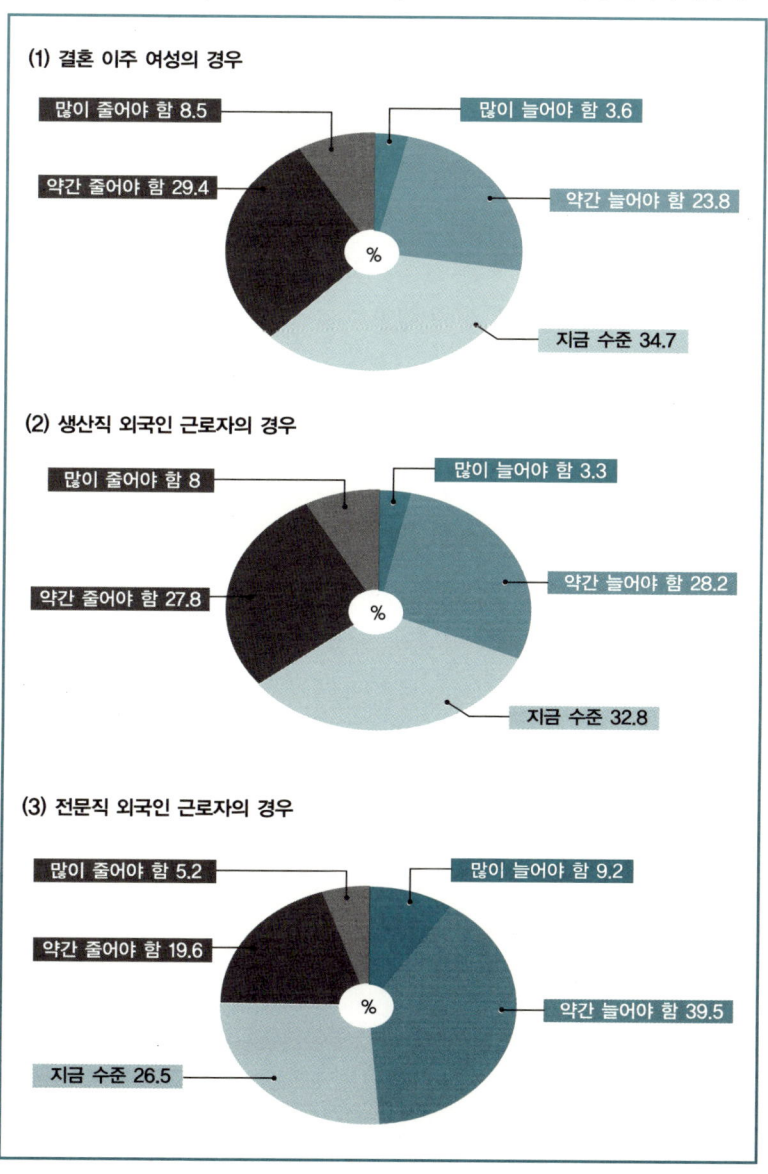

- 출처: 한국종합사회조사, 2003, 2010.

로자와 차이가 있다. 현재 실질적으로 외국인 근로자가 결혼 이주 여성에 비해 많은 수를 차지한다. 그러나 외국인 근로자는 언젠가 본국으로 돌아갈 것을 전제하기 때문에 앞으로 이들의 수는 더 늘어도 된다고 응답하는 비율이 높은 것으로 추정된다.

즉 일시적으로 머무르다 돌아가는 것은 괜찮지만 한국인으로 '우리'라는 테두리 안에서 함께 살아가는 것은 아직 부담스럽고 낯설다는 의미를 반영한다. 외국인에 대한 이중적인 태도와 사회적 거리감 social distance에 대해서는 다음에서 논의하고자 한다.

외국인을 바라보는 이중적 시선

이제 처음에 든 사례로 돌아가보자. 혜진과 마이클, 영숙과 더글러스의 사례는 TV 드라마를 떠올리게 하지만 곧 한국 사회에서 일상화될 수 있는 일이다. 다음 기사를 보면 한국 미혼 남녀의 국제 결혼에 대한 인식을 잘 알 수 있다.

재미있는 통계, 국제 결혼 성행 이유
전반적인 사회 인식 변화로 최근 들어 국제 결혼이 크게 늘고 있다. 결혼 연령의 고령화와 비용에 대한 부담 그리고 스펙과 루저의 트렌드를 접한 사람들이 국제 결혼에 관심을 보이고 있는 것이다. 그렇다면 미혼 남녀들은 국제 결혼에 대해 어느 정도 개방돼 있을까? 또 그들이 국제 결혼에 눈을 돌리는 이유는 무엇일까?

미혼들은 국제 결혼의 가장 큰 장점으로 남성의 경우 한국 여성에 비해 조건을 덜 따진다는 점을 들었고, 여성은 한국 남성과 결혼하는 것보다 더 여유로운 삶을 영위할 것이라는 기대감 때문인 것으로 드러났다.

결혼정보회사 비에나래가 연애결혼 정보업체 커플예감 필링유와 공동으로 전국의 결혼 희망 미혼 남녀 548명(남녀 각 274명)을 대상으로 '외국인과 결혼할 경우의 최대 장점'에 대해 설문조사를 실시했다. 남성은 응답자의 32.1%가 '조건을 덜 따져서'를, 여성은 31.4%가 '여유로운 삶이 가능해'를 각각 첫손에 꼽았다. 직장인 이모(27·여)씨는 "국제 결혼을 하면 타문화권에서 온 배우자와의 삶에 적응해나가면서 자신에 대해 더 많이 배우고 성장할 기회를 얻을 수 있을 것 같다"고 대답했다.

'외국인과 결혼할 경우 출신 국가 선택 시 주요 고려 사항'도 남녀 간에 큰 차이를 나타냈다. 남성은 '피부색'(37.6%)을 가장 중시하고 '해당 국가의 문화'(20.8%), '언어 소통의 용이성'(19.0%), 'OECD 등 선진국 출신'(9.5%) 등의 순으로 고려하는 반면 여성은 'OECD 등 선진국 출신'(28.5%)을 최우선적으로 따지고, 그 다음으로는 '(캐나다, 호주 등) 생활환경이 양호한 국가'(20.8%), '언어 소통의 용이성'(17.5%), '피부색'(13.5%) 등의 순이다.

'외국인과의 결혼에 대한 입장'은 여성의 경우 긍정적인 비중이 훨씬 높으나 남성은 부정적인 비중이 다소 우세했다. '기회가 되면 적극적으로 한다'(남 17.5%, 여 23.0%)거나 '한국인보다 나은 조건이면 한다'(남 30.7%, 여 38.3%) 등 국제 결혼에 대해 전향적인 면을 보인 비중은 남성이 48.2%로 절반에 다소 못 미치나 여성은 61.3%로 과반수를 차지했다.

- 출처 : 〈일요시사〉, 2012. 10. 26.

위 통계에서 보듯이 여성이 남성에 비해 국제 결혼에 대한 인식이 더 개방적이지만 부모의 입장은 좀 다를 수 있다. 혜진과 마이클, 영숙과 더글러스의 사례는 가상이긴 하지만 외국인에 대한 한국인의 이중적 태도를 생각하게 한다. 이 책을 읽는 독자들이 실제로 어느 쪽의 결혼을 허락할 것인지는 알 수 없다. 그러나 짐작컨대 영숙의 남자친구가 일반적으로 한국 부모들이 선호하는 조건(하버드대학 졸업, 컴퓨터 엔지니어, 다국적 기업의 직원)을 갖추었음에도 자메이카 출신의 흑인이라는 사실이 밝혀지면 대부분 결혼을 반대할 것이다. 따라서 둘 중 어느 한쪽은 반드시 결혼을 허락해야 한다면 조건적으로 덜 만족스럽더라도 혜진의 결혼을 허락할 확률이 높다. 이유는 무엇일까?

2012년 4월 총선에서 새누리당 비례대표로 선출된 이자스민에 대한 인신공격과 그녀를 둘러싸고 나타난 제노포비아적(외국인 공포증) 성격의 인터넷 논란이 사회적 이슈가 됐다. 이자스민이 다문화 가정의 사례로 각종 TV 프로그램에 나왔을 때 일반인들의 반응은 호의적이었다. 이후 갑작스런 남편의 죽음을 슬퍼하는 그녀에게 많은 이들이 공감하며 가슴 아파했다. 그러나 그녀의 정계 입문을 전후해 전반적인 반응은 부정적으로 바뀌었다. 학위 진실성 여부는 물론이고 결혼의 진정성까지 의심을 받았다.

반면 귀화한 한국인 최초로 공공기관의 수장이 된 한국관광공사의 이참 사장에게는 제노포비아적 논란이 제기되지 않았다. 오히려 이참 사장의 유럽적 시각이 한국 관광 진흥에 도움이 될 것이라는 기대가 적지 않았다. 물론 이자스민과 이참을 직접 비교하기는 무리가 있다. 한국에 들어오게 된 상황과 배경이 다르고, 한국에서 지낸 시간과 한국어 소통 능력이 다르다. 또한 이자스민은 학력 위조가 의심되는 상황이고 이참은 그런 의혹이 없다. 이자스민은 정치인으로서 한국의 정치와 정책에 직접적인 영향력을 행사할 수 있고 이참의 정치적 영향력은 상대적으로 낮다. 그럼에도 불구하고 이자스민 의원과 이참 사장에 대한 반응의 차이는 외국인에 대한 한국인들의 이중적 태도를 반영하는 것으로 볼 수 있다.

한국인들은 외국인에 대해 인종적 편견뿐 아니라 국가적 편견도 지닌다. 즉 한국보다 후진국에 속하는 국가 출신에 대해서는 우월감을 지니는 경향이 있다. 반면 한국보다 선진국에 속하는 국가 출신에 대해서는 호의적인 반응을 보인다. 인종적인 면이 부가되면 반응은 강화되기도 한다.

몇 년 전 인기를 끌던 KBS2 TV의 〈미녀들의 수다〉라는 프로그램에서 후진국 유색인종 여성들과 선진국 백인 여성들이 밝힌 한국인으로부터 받았던 대우와 경험들은 상당히 달랐다. 백인 여성들은 전반적으로 한국인들로부터 호의적인 대접을 받았고 과분할 정도의 반응을 받았던 경험을 주로 이야기했던 반면, 후진국 유색인종 여성들은 한국에서 전문직 종사자로 근무하는 경우에도 차별을 받았던 경험이 많았다.

외국인의 출신 국가에 따른 한국인들의 태도는 '사회적 거리감'이라는 척도를 활용한 연구들에서도 잘 나타난다. 사회적 거리감은 특정한 지위를 가진 사람에 대한 태도로 개인이 주관적으로 느끼는 멀고 가까움을 의미한다(이명진 외, 2010). 이를 측정하기 위한 실질적

표 1 | 출신 국가별 외국인에 대한 사회적 거리감(찬성 %)

구 분	중국 동포	중국인	일본인	동남아인	미국인	남아시아인	몽골인
한국 방문	96.4	95.7	95.6	96.6	98.0	96.4	96.7
한국 국민	61.5	46.8	51.3	49.2	65.4	48.8	53.0
직장 동료	81.0	73.6	79.5	74.2	87.5	72.7	74.5
이웃	82.7	74.7	77.5	75.1	88.3	71.7	74.5
친구	70.2	64.1	69.7	66.0	81.9	64.8	65.8
자녀 배우자	24.4	19.4	28.3	16.5	34.5	16.7	18.0
내 배우자	22.1	16.3	25.1	14.6	28.8	14.5	16.0

– 출처 : 황정미 외, 한국여성정책연구원, 2007.

표 2 | 출신 국가별 외국인에 대한 사회적 거리감(찬성 %)

구 분	중국 동포	중국인	일본인	동남아인	미국인	유럽인
한국 방문	86.0	83.6	86.0	88.1	92.5	91.4
한국 국민	68.9	52.8	52.7	56.8	64.0	61.6
직장 동료	76.6	70.1	73.6	73.1	81.7	79.6
이웃	76.0	69.8	73.2	73.0	81.1	78.6
친구	68.2	62.7	68.3	66.8	76.3	74.4
자녀 배우자	34.1	28.4	35.3	28.4	40.2	37.7
내 배우자	32.2	26.0	31.6	25.5	34.6	34.2

– 출처 : 한국종합사회조사 2010.

인 척도는 보가더스Bogardus가 개발해 꾸준히 사용되고 있다.

[표 1]과 [표 2]는 2007년에 한국여성정책연구원에서 수행한 연구와 2010년 한국종합사회조사의 결과를 제시한 것이다. 응답자들에게 출신 국가에 따라 외국인들이 (1) 한국을 방문하는 것, (2) 한국 국민이 되는 것, (3) 직장 동료가 되는 것, (4) 이웃이 되는 것, (5) 친구가 되는 것, (6) 자녀의 배우자가 되는 것, (7) 응답자의 배우자가 되는 것에 대한 찬성 정도를 표시하게 했다. 일반적으로 보가더스 척도는 거리감이 먼 항목부터 가까운 항목으로 배열된다. 그러나 서구에서 개발되

었기 때문인지 한국에서 수행된 외국인에 대한 사회적 거리감 조사 결과에 따르면 '한국 국민이 되는 것'에 대한 찬성 정도가 직장 동료, 친구, 이웃이 되는 것보다 낮게 나타났다(김석호, 2012). 이는 한국인들이 외국인을 국민으로 인정하는 것에 대한 배타성을 반영한다.

[표 1]은 2007년 한국여성정책연구원에서 전국에 거주하는 만 19세 이상의 성인 남녀 1,203명을 대상으로 실시한 설문조사 결과다. 한국 방문에 대해서는 응답자의 95% 이상이 외국인의 국적에 관계없이 허용적인 태도를 보였다. 반면 한국 국민으로 받아들이는 것에 대해서는 찬성 비율이 떨어졌다. 미국인을 국민으로 받아들이겠다는 비율이 65.4%로 가장 높고 중국 동포, 몽골인, 일본인 순으로 나타났다. 중국인을 한국 국민으로 받아들이겠다는 비율은 46.8%로 가장 낮다. 민족적으로나 인종적으로 더 가까운 아시아인보다 미국인을 국민으로 받아들이겠다는 응답이 가장 높다는 사실은 한국인들의 서구 중심적 사고를 반영한다.

직장 동료와 이웃, 친구로 받아들이겠다는 의견도 미국인이 가장 높고 다음으로 중국 동포가 높게 나타나며, 중국인과 남아시아인이 가장 낮았다. 외국인을 자녀의 배우자나 자신의 배우자로 받아들이겠다는 응답은 전반적으로 낮으며, 출신 국가별로 관찰되는 순서는 비슷하다.

흥미로운 점은 근소한 차이이긴 하지만 직장 동료, 이웃, 친구로 받아들이는 경우에는 중국 동포에 대한 찬성률이 일본인보다 높은 반면 자녀의 배우자나 자신의 배우자로 받아들이는 경우에는 일본인에 대한 찬성률이 4%p 높게 나타났다. 즉 중국 동포에 대해서는 민족적 동질성을 근거로 전반적인 측면에서 허용적인 태도를 지니지만 가족으로 받아들이는 경우에는 선진국인 일본인을 선호하는 경향을 보인다. 또한 직장 동료, 이웃, 친구로 받아들이는 경우에는 중국인과 남아시아인에 대한 선호도가 가장 낮았던 반면 가족으로 받아들이는 경우에는 중국인에 대한 선호도가 동남아시아나 남아시아인에 비해 높다. 이것은 피부색에 대한 선호도와 문화적인 이질성, 접촉 부족으로 인한 낯설음에 기인한 것으로 추정된다.

[표 2]는 2010년 전국 만 18세 이상 성인 남녀 1,576명을 대상으로 실시한 한국종합사회조사 결과다. [표 1]에 제시된 결과와 전반적으로 유사한 경향을 나타내지만 한국 방문에 대한 허용도와 직장 동료, 이웃, 친구에 대한 허용도는 2007년 조사에 비해 전반적으로 낮다. 반면 한국 국민으로 받아들이는 것과 가족으로 받아들이는 것(예: 자녀의 배우자나 나의 배우자)에 대한 찬성도는 상대적으로 약간 높다. 물론 두 조사의 응답자가 다르고 외국인 출신의 국적 구분이 다르기 때문에 직접적인 비교는 무리가 있다.

그럼에도 불구하고 관찰되는 경향성의 변화는 과거에 무조건 배타적이었던, 그래서 가족으로 받아들이지 못했던 경계는 낮아진 반면 다양한 국적의 외국인을 일상에서 마주하거나 이들이 한국을 방문하는 것에 대한 부정적인 반응은 높아졌음을 반영하는 것으로 볼 수 있다. 즉 '우리'로 인정하는 집단에 대해서는 허용적이지만 '그들'로 인식되는 집단에 대해서는 부정적인 양극단의 경향이 심화되는 것으로 생각할 수 있다.

외국인의 출신 국적에 따른 선호도는 2007년 조사 결과와 유사하다. 대부분의 영역에서 미국인에 대한 호감도가 가장 높고 유럽인, 중국 동포의 순서다. 가장 호감도가 낮은 외국인은 중국인이다. 한국 국민으로 받아들이는 경우 중국 동포에 대한 찬성도가 미국인, 유럽인에 비해 약간 높은 점과 가족으로 받아들이는 경우 일본인과 중국 동포에 대한 호감도가 비슷한 수준인 점이 2007년 조사 결과와 차이점이다.

이를 종합하면 한국인은 미국인이나 유럽인과 같이 서구 선진국 출신의 외국인에 대해서는 굉장히 호의적이며 감정적으로도 가깝게 느낀다. 반면 아시아인들 중에는 민족적 동질성을 지닌 중국 동포를 제외하고는 감정적으로 거리감을 느낀다. 서구 선진국에 대한 선망과 동경, 아시아 후진국에 대한 우월감이 복합적으로 작용한 결과로 추정된다.

여기에는 후진국(개발도상국) 출신의 외국인이 한국에서 저지르는 대부분의 불법적인 행동을 주도하는 것처럼 보도하는 언론의 기사도 한몫을 한다고 생각한다. 외국인이 늘어나면서 그들이 저지르는 범죄도 증가하는 추세다. 다음의 기사를 보자.

국내 살인 사건 8%는 외국인 범죄

국내에서 발생한 살인 사건 10건 가운데 1건 가까이는 외국인이 저지른 범죄인 것으로 나타났다. 경찰청이 공개한 '외국인 범죄 현황 통계'를 보면 2011년 국내 살인 사건 피의자 1,298명 가운데 외국인은 103명으로, 외국인이 살인 사건 전체 피의자의 8%에 이르는 것으로 조사됐다. 또 외국인이 저지른 범죄 가운데 살인·강간 등 강력 사건이 차지하는 비율은 31%로 내국인 범죄의 강력 사건 비율 22%보다 높았다. 2007년 106만 명이었던 국내 체류 외국인은 5년 동안 139만 5,000명으로 30% 증가했지만 같은 기간 국내에서 발생한 외국인 범죄 피의자는 1만 4,500명에서 2만 6,900명으로 85%나 늘어난 것으로 나타났다.

- 출처 : 〈YTN〉, 2012. 5. 17.

외국인의 수가 늘어남에 따라 확률적으로 외국인들이 저지르는 범죄도 늘어나고 있지만 출신 국가별로 정확한 통계는 없다. 그럼에도 불구하고 언론에서는 외국인 범죄의 대부분이 후진 국가 출신에 의해 이뤄진 것으로 보도한다. 다음은 한 사이트에 올라와 있는 외국인 범죄의 기사 제목이다.

- 한국 국적 취득 수단으로 장애 여성 농락하는 서남아 무슬림들
- 무슬림 불체자들의 매뉴얼 '한국녀를 반드시 임신시켜라'
- 외국인 범죄 성폭행과 폭력 사범이 50% 증가
- "길 좀 가르쳐 주세요" 여대생 강간한 파키스탄 불법 체류자 검거
- 경북 경산 공단에서 집단 강간당해 자살
- 해병대원이 여중생을 성추행하려는 불법 체류자 격투 끝에 검거
- 여중생 포함 20여 명 성폭행하고 동영상 촬영 유통시킨 불법 체류자 검거
- 관광객 위장 접근, 여중생 성폭행 40대 방글라데시인 구속
- 외국인과의 결혼에 두 번 우는 정신장애 여성
- 한국 아내 폭행하는 파키스탄 남편
- 부산 해운대구 몰지각한 동남아인 때문에 '고민되네'

- 나이지리아 마약 거물 프랭크 오늘 국내 압송…… '꽁짜 해외여행' 한국 여성 유혹

언론에서 정확한 국가별 통계에 기반하지 않은 채 후진국 출신의 외국인들에 의해 이뤄진 범죄만 집중 조명한다면 외국인에 대한 한국인의 이중적인 태도는 강화될 수밖에 없다. 최근에는 중국 동포에 의해 살해된 여대생의 기사가 크게 보도되면서 중국 동포에 대한 반감도 늘어난 것으로 보도되고 있다.

한국인의 외국인을 보는 시각에 이중적 잣대가 있다는 조사 결과는 대학생을 대상으로 한 조사에서도 밝혀졌다. 2012년 5월, K대학교는 재학생을 대상으로 다문화 사회에 대한 인식을 조사했다.

K대 학생 10명 중 6명 "외국인 근로자 차별 대우 당연"

K대학교 재학생 10명 가운데 6명이 외국인 근로자가 취업이나 급여에서 차별 대우를 받는 것이 당연하다고 생각하는 것으로 드러났다. K대 학보는 5월 20일 '세계인의 날'을 맞아 본교 재학생 262명을 대상으로 '다문화 사회 인식 설문조사'를 실시한 결과, 재학생의 과반수가 넘는 58.8%가 '외국인 근로자가 취업이나 급여에서 차별적 대우를 받는 것은 어쩔 수 없다'고 답했다고 24일 밝혔다.

또 '우리나라에 인종, 종교, 문화적 다양성이 확대되면 국가 경쟁력에 도움이 되느냐'는 질문에는 전체 응답자의 82.8%가 '그렇다'고 답한 것으로 나타났다. 하지만 '그렇다'고 답한 응답자의 78.8%는 그럼에도 불구하고 '다른 인종, 종교, 문화를 가진 사람들을 받아들이는 데 한계가 있다'고 덧

붙였다. 이어 '세계화 시대에는 국적과 인종, 민족을 넘어선 협력이 단일 민족의 역사보다 더 중요한가'라고 묻는 질문에 "그렇다"고 답한 학생 중 절반이 '여러 민족을 국민으로 받아들이면 국가 결속력을 해치게 될 것'이라고 응답해 외국인 근로자의 필요성은 인정하면서도 동시에 저어하는 이중적 태도를 보이기도 했다.

한편 이번 설문조사에서는 전체 응답자 중 77.9%가 동남아시아인을 자녀의 배우자로 반대한다고 응답하며, 재학생 상당수가 우리나라의 다문화 사회 성숙도가 높아져야 한다고 생각하면서도 실상 자신은 다문화 사회에 소극적 태도를 보인다는 사실도 밝혀졌다.

-출처 : 〈헤럴드경제〉, 2012. 5. 24.

외국인 근로자와 결혼 이주 여성이 느끼는 공정성

이제까지 한국인이 외국인에 대해 지니는 태도와 인식에 대해 알아보았다. 그렇다면 일상에서 외국인 근로자와 결혼 이주 여성의 경험과 인식은 어떠할까? 앞서 언급했듯이 공정성에 대한 인식과 차별받았다고 느끼는 경험은 주관적이며 상대적이기 때문에 옳고 그름을 가리기는 어렵다. 또한 기본적인 능력이나 조건 또는 생산성을 고려하지 않고 처우의 공정성만을 기대하는 것도 바람직하지 않다.

따라서 실질적인 처우나 제도적 공정성을 평가하고 그것이 옳은지 그른지를 논하기보다는 한국인 근로자와 외국인 근로자가 각자의 입장에서 공정성을 어떻게 인식하고 있는지 살펴본다. 더불어 외국인 근로자와 결혼 이주 여성이 실생활에서 얼마나 차별을 느끼거나 공정성을 인지하고 있는지도 알아본다.

표 3 | 한국인 근로자와 외국인 근로자가 평가한 공정성(%)

구 분		매우 적다	약간 적다	비슷하다	약간 많다	매우 많다
응답자: 한국인 근로자	근로 시간	0.0	3.2	69.7	21.8	5.3
	임금	5.4	63.4	20.7	8.9	1.6
	작업량	0.8	11.3	70.2	14.7	2.9
응답자: 외국인 근로자	근로 시간	1.1	3.4	59.8	18.3	17.4
	임금	39.2	37.4	6.8	8.7	7.9
	작업량	1.2	4.8	47.4	28.1	18.4

- 출처 : 석현호 외, 한국 사회과학자료원, 1998.

외국인 근로자가 일상에서 경험하는 차별과 주관적으로 평가하는 공정성에 대한 조사는 1998년에 〈외국인 노동자 고용 국내 제조업체 한국인 사원 조사〉와 〈국내 제조업체 외국인 노동자 조사〉라는 제목으로 수행됐다. 이 조사는 서울·경기 지역 제조업체에 국한됐고 시간적으로 오래됐다는 제한점이 있다. 장점은 같은 직장에 근무하는 외국인 근로자와 한국인 근로자를 대상으로 설문조사를 실시했다는 점이다.

가령 한국인 근로자에게는 "비슷한 일을 하는 한국인 근로자와 비교할 때 외국인 근로자의 근로 시간, 임금, 작업량은 각각 어떠하다고 생각하십니까?"라는 질문을 했고, 외국인 근로자에게는 "비슷한 일을 하는 한국인 근로자와 비교할 때 귀하의 근로 시간, 임금, 작업량은 각각 어떠하다고 생각하십니까?"라는 질문을 했다.

한국인과 외국인이 각자의 입장에서 외국인에 대한 처우 공정성을 평가한 결과 '외국인 근로자의 임금이 한국인 근로자에 비해 적다'고 인정하는 비율이 높다는 점은 유사하다. 그러나 한국인 근로자 중 32%가량은 외국인 근로자의 임금이 한국인 근로자와 비슷하거나 높다고 응답한 반면, 외국인 근로자는 24%가량만 그렇다고 응답했다. 근로 시간과 작업량에 대한 평가도 외국인 근로자들은 공정하지 못하다고 인식하는 비율이 높은 반면, 한국인 근로자들도 차이는 인정하지만 공정하지 못하다고 인식하는 비율은 상대적으로 낮다. 즉 같은 사실에 대해 한국인과 외국인의 주관적 인식과 평가에는 차이가 있는 것이다([표3] 참조).

이외에도 직장에서의 차별이나 부정적 경험에 대해 질문한 결과 차별을 받은 적이 있다는 응답은 38.2%였고 과반수가 욕설과 폭언을 경험했다고 응답했다. 회사에서 고용 계약을 어긴 적이 있다는 응답은 44.3%였는데, 임금 액수와 임금 지급일 이행은 각각 56.7%와 43.3%, 초과 근로 수당과 근로 시간은 각각 35.5%와 27.7%가 회사에서 계약을 어겼다고 응답했다.

최근에 수행된 연구 중에는 2010년 한국산업인력공단에서 실시한 〈외국인 근로자 취업 및 실태 조사〉 자료를 활용했다. 이 연구는 외국인 근로자의 과반수가 집중돼 있는 경인 지역의 6개국 출신 근로자에 한정해 설문조사를 했다. 즉 조사 대상을 외국인 근로자로 한정한 것이다. 응답자 752명을 대상으로 직장에 대한 전반적인 만족도를 질문한 결과 5점 만점 중 평균 3.36점으로 비교적 높게 나타났다.

그러나 한국인 근로자 및 자국인 근로자와 비교해 자신들의 근로 시간, 임금, 작업량에 대한 평가를 질문하거나 차별 또는 부당 대우 경험에 대한 질문을 하면 응답 양상은 달라진다. 전반적으로 비교 대

표 4 | 한국인 및 자국인과 비교한 공정성 평가(%)

비교 대상		매우 적다	약간 적다	비슷하다	약간 많다	매우 많다
한국인	근로 시간	1.1	3.8	58.2	22.0	14.9
	임금	25.1	42.9	19.0	7.1	5.8
	작업량	1.8	5.4	47.7	25.7	19.3
자국인	근로 시간	1.2	2.2	75.6	12.9	8.1
	임금	5.5	15.4	65.4	10.3	3.4
	작업량	1.8	3.3	69.9	17.9	7.2

— 출처 : 이정환 외, 한국산업인력공단, 2010.

상에 상관없이 근로 시간과 작업량이 많다고 생각하는 비율이, 적다고 생각하는 비율보다 높다. 단, 임금의 경우에는 자신의 임금이 다른 사람들에 비해 적다고 생각하는 비율이 더 높다.

자국인과 비교할 때는 근로 시간과 임금, 작업량이 비슷하다고 생각하는 비율이 각각 75.6%, 65.4%, 69.9%로 높은 편이다. 반면 한국인과 비교할 때 근로 시간과 작업량이 비슷하다고 생각하는 비율은 각각 58.2%, 47.7%이고 임금은 19.0%에 불과하다. 전반적으로 자국인과 비교할 때는 직장에서의 처우가 공정하다고 생각하는 반면 한국인과 비교할 때는 처우가 불공정하다고 느끼는 비율이 높은 것이다([표 4] 참조). 이외에도 외국인 근로자의 33.2%가 직장에서 욕설이나 폭언을 들은 경험이 있다고 응답했다. 1998년 수행된 조사와 비교하면 비율은 낮아졌지만 여전히 직장에서의 욕설과 폭언이 행사되고 있음을 알 수 있다.

2010년 고용허가제와 방문취업제 외국인 근로자를 대상으로 실시한 〈체류 외국인 실태 조사〉 역시 외국인 근로자들이 평가한 공정

표 5 | 한국인 및 자국인과 비교한 공정성 평가

비교 대상		고용허가제 외국인 근로자	방문취업제 외국인 근로자
한국인	근로 시간	3.37	3.18
	임금	2.82	2.82
	노동 강도	3.34	3.18
자국인	근로 시간	3.43	3.21
	임금	3.09	2.91
	노동 강도	3.42	3.15

- 출처: 정기선 외, 법무부, 2010.
* 5점 척도 평균 점수.

성과 차별 경험에 대한 내용이 포함돼 있다. 고용허가제 외국인 근로자는 동남아시아나 기타 지역으로 다양하지만 방문취업제 외국인 근로자는 중국 동포(조선족)다.

고용허가제를 통해 입국한 외국인 근로자들을 대상으로 취업 과정의 공정성에 대해 질문한 결과 약 55%가 공정하다고 응답했고 중립적인 의견이 32%, 불공정하다는 응답이 13.2%로 나타났다. 즉 취업 과정은 비교적 공정하게 평가되고 있다. 직장 생활 만족도에 대한 응답도 7점 만점 중 고용허가제 외국인 근로자는 평균 4.69점, 방문취업제 외국인 근로자는 평균 5.04점으로 높은 편으로 나타났다.

그러나 한국인 및 자국인과 근무 시간, 임금, 노동 강도를 비교했을 때는 임금은 한국인에 비해 낮게 평가하고 있으며 근무 시간과 노동 강도는 비슷하거나 높게 인식하고 있다. 고용허가제 외국인 근로자는 누구와 비교하든 전반적으로 자신의 근무 시간과 노동 강도를 높게 인식하는 반면 방문취업제 외국인 근로자는 한국인 및 자국인과 유사한 수준으로 인식하는 경향이 있다([표 5] 참조).

일상에서 차별받은 경험에 대해서는 고용허가제 외국인 근로자들 중 45.5%, 방문취업제 외국인 근로자는 43.2%가 차별받은 경험이 있다고 응답했다. 차별 경험의 비율 역시 국적에 따라 차이가 있는데, 필리핀 출신 외국인의 63.6%가 차별받은 경험이 있다고 응답해 가장 높았고, 스리랑카 출신 외국인의 50%가 차별 경험이 있다고 응답했다. 몽골 출신 외국인들은 응답자 중 34.4%만 차별받은 경험이 있다고 응답해 가장 낮았다. 몽골 출신 외국인들은 한국인과 크게 구별되지 않기 때문에 상대적으로 차별 경험이 적은 것으로 생각된다.

그렇다면 결혼 이주 여성이 일상에서 겪은 차별 경험은 어떠한가? 〈2009년 전국 다문화 가족 실태 조사 연구〉에 따르면 응답자 중 33.6%가 차별받은 경험이 있다고 대답했다. 외국인 근로자와 비교하면 상대적으로 낮은 비율이다. 차별 경험은 출신 국적에 따라 차이가 있는데, 동남아시아를 제외한 기타 지역 출신 여성 중 과반수가 차별 경험이 있다고 응답해 가장 높았으며, 중국 동포(조선족)가 41.3%, 중국인(한족)이 39.2% 순으로 나타났다. 이는 외국인 근로자의 경우 외모가 비슷한 외국인들의 차별 경험이 적었던 것과 대비된다. 결혼 이주 여성의 차별 경험 중 직장에서의 차별 경험이 15%로 가장 높았다는 점을 고려하면, 취업률이 상대적으로 높은 조선족이나 한족 출신 여성들의 차별 경험이 높아진 것으로 생각된다.

차별받은 경험이 있는 여성들을 대상으로 차별 시정을 요구한 적이 있는지 질문한 결과 33.8%가 시정 요구를 했다고 응답했다. 태국 출신 여성들 중 차별을 받았을 때 51.8%가 시정을 요구한 반면 필리핀과 일본 여성들 중 시정을 요구한 비율은 20% 미만이다. 출신 국적에 따라 차이는 있지만 결혼 이주 여성들은 일반적으로 차별을 받아도 적극적으로 시정을 요구하기보다는 참고 지내는 경우가 많은 것으로 생각된다.

우리에게 남은 과제는 무엇인가

지금까지 한국인이 외국인에 대해 지니는 전반적인 태도와 외국인 근로자 및 결혼 이주 여성이 일상에서 겪은 차별 경험과 공정성에 대한 인식을 살펴봤다. 전반적으로 한국인들은 외국인이 한국 경제에 도움이 되고 다양한 문화를 유입한다고 생각하는 비율이 높다. 외국인의 수가 늘어야 한다는 비율도 외국에 비하면 높은 편이다. 이는 외국인들이 유입된 역사가 짧기 때문에 아직은 이들에 대한 태도도 복합적이고 수적으로 늘어도 된다고 생각하는 경향이 상대적으로 높은 것으로 풀이된 바 있다(송유진, 2008).

그러나 근소한 차이지만 외국인에 대한 부정적 태도가 높아지고 있다는 사실은 주목할 만하다. 또한 출신 국가에 따라 사회적 거리감과 선호도의 차이가 나타난다는 점은 한국인의 이중적 태도가 어떤

식으로 발현될지 앞으로 주목해야 할 부분이다. 외국인이 한국을 방문하거나 직장 동료, 이웃, 친구로 지내는 것에는 허용적이지만 한국 국민이 되거나 가족의 영역으로 들어오는 것에 대해서는 배타적인 부분도 눈여겨볼 성향이다. 즉 외국인에 대한 부정적 태도가 아직까지는 두드러지지 않은 편이고 외국인과 어울려 지내야 한다고 생각하지만 외국인들이 '우리'의 영역으로 들어오는 것은 낯설어 하는 경향이 있다.

누구를 '우리' 안에 포함시킬 것인가에 대한 논의는 외국인에 대한 공정성을 논할 때 중요한 이슈가 된다. 왜냐하면 기본적인 인권 측면은 누구나 공정하게 보호받아야 하지만 그 외 사회 경제적 각 분야에서의 공정한 인식과 처우에 대해서는 누구를 어디까지 공정하게 대할 것인가 하는 문제가 제기될 수 있기 때문이다.

가령 한국에 거주하는 외국인 주민도 외국인 근로자와 결혼 이주 여성, 유학생으로 나뉜다. 결혼 이주 여성은 궁극적으로 한국 국적을 취득하고 한국 국민이 될 자녀를 출산할 것이라는 점을 전제한다면 한국인과 동등한 권리와 처우를 제공하는 것이 맞다. 기회와 절차, 결과의 공정성도 제공돼야 한다. 그러나 여러 조사 자료들을 통해 살펴본 결과 현실에서는 여전히 결혼 이주 여성을 이방인으로 여기는 경향이 있다.

특히 개발도상국 출신 결혼 이주 여성에 대한 폭력 사태는 우리 사회의 부끄러운 자화상이자 국격을 떨어뜨리는 반인륜적 행위다. 끊임없이 발생하는 외국인 신부에 대한 폭력 사태는 우리 모두가 반성하고 재발을 방지하기 위해 노력해야 한다.

입국 8일 만에 살해된 베트남 신부

20세의 베트남 여성이 한국에 와 신혼살림을 차린 지 8일 만에 정신질환을 앓고 있는 남편에게 목숨을 잃었다. 베트남 호찌민 시에 살던 여성 루따(가명·20)는 2010년 2월 국제 결혼 중개업체의 소개로 한국인 장씨(46)를 만나 호찌민에서 결혼식을 올렸다. 먼저 귀국한 남편의 혼인신고와 초청에 따라 루따는 한국에 도착해 부산의 30㎡ 남짓한 2층 전셋집에서 신접살림을 차렸다.

하지만 루따의 코리안드림은 8일 만에 물거품이 됐다. 남편 장씨는 8일 저녁 7시께 집에서 말다툼을 벌이다 아내의 얼굴 등을 마구 때린 뒤 흉기로 살해했다. 장씨는 그 직후 경찰에 전화를 걸어 자신이 범행을 저질렀다고 신고한 뒤 경찰에 붙잡혔다. 장씨는 경찰 조사에서 "귀신이 아내를 죽이라고 시켜서 그렇게 했다"고 진술했다. 루따는 변을 당할 때까지 남편이 정신질환자라는 사실을 전혀 몰랐던 것으로 알려졌다.

– 출처 : 〈한겨레〉, 2010. 7. 9.

심지어 결혼 이주 여성에 대한 폭력 사태는 외국의 언론에서도 거론될 정도다.

베트남서 온 신부의 눈물… '남편, 술만 마시면 돌변해'

미국의 온라인 매체인 〈더 월드〉는 2010년 11월 16일 '한국에서 외국인 신부를 구하라Protecting foreign brides in South Korea'는 제목의 기사를 내보냈다. 기사에는 "한국인 남편은 온종일 술을 마시고, 밤이 되면 성관계를 요구했다"는 베트남 신부의 눈물 나는 고발이 생생하게 담겨 있었다.

'주폭 남편'은 해외에서 보는 한국의 이미지까지 망쳐놓는다. 주폭 남편에게 괴롭힘을 당하다 귀국하는 이주 여성 본인은 물론 그 가족과 친척과 친구까지도 한국을 '남편이 술 취해 아내를 때리는 나라'로 생각하기 때문이다. 한국에는 코리안드림을 품고 온 이주 여성이 약 16만 명에 달한다. 여성가족부가 2011년에 발표한 가정 폭력 실태 조사에 따르면 이주 여성과 결혼해 폭력을 행사한 남편의 41.4%가 술에 취한 것으로 나타났다. 취재 팀이 만난 이주 여성 상담사들은 "집에서 쉬쉬하는 비율까지 합하면 실제는 60~70% 이상의 이주 여성이 주폭 남편에게 맞고 있을 것"이라고 했다.

— 출처: 〈조선일보〉, 2012. 6. 14.

새 삶을 찾아 한국으로 영구 이주한 외국인 또는 직업을 찾아 일시적으로 입국한 외국인들에 대한 기본적인 인권과 공정성은 매우 중요하다. 특히 결혼 이주 여성을 한국인으로 받아들이고 한국 사회에 적응할 수 있도록 하는 제도와 마음가짐이 절실하다. 물론 이는 생각처럼 쉬운 일은 아니다.

외국인 근로자와 유학생은 일시적으로 머무르다 자국으로 돌아갈 것이라는 점을 전제로 한다면 이들에게 어느 정도까지 동등한 권리와 처우를 제공해야 하며, 공정성이란 무엇을 의미하는지 논란의 소지가 있다. 이러한 부분은 사회적으로 논의와 합의가 필요하다. 그럼에도 불구하고 외국인 근로자와 유학생은 각각 한국 사회에 기여하는 바가 있으며, 민간 외교적 차원에서 앞으로 한국과 이들의 출신 국가와의 관계에서 중요한 가교 역할을 맡을 수 있다는 점을 고려하면, 기본 인권적 차원은 물론 다양한 분야에서 공정한 인식과 처우가 필요하다.

《제국의 미래》(추아, 2008)에 따르면 역사적으로 한 시대를 주름잡던 제국들의 중요한 성공 요인 중 하나가 관용tolerance이다. 페르시아, 로마, 몽골, 네덜란드, 영국 등 세계 역사에서 초강대국의 위치를 점했던 나라들은 모두 종교적, 인종적 관용을 베풀었다. 피지배국의 문화와 종교를 그대로 인정하고 피지배국 사람들이 자국에서 동등한 권리를 누리며 살 수 있도록 존중하는 문화가 강대국의 필수조건이었다. 같은 맥락에서 제국들이 멸망한 요인들도 불관용과 외국인 혐오, 인종이나 종교, 문화적 편견과 배타성이었다.

한국 사회도 선진 국가로 발전하기 위해서는 관용이 필요하다. 저출산·고령화로 인해 한국 사회가 직면한 각종 위기와 국가 간 경제 발전 격차의 심화로 인한 이동의 빈번함은 부인할 수 없는 현실이다. 따라서 외국인의 유입은 앞으로도 어떤 형태로든 지속될 수밖에 없다. 그렇다면 이들과 어떻게 더불어 살아가야 하는지에 대한 지속적인 고민과 노력이 필요하다. 따라서 공정한 처우를 위해 제도적, 정책적 개선은 물론 공정한 인식을 위한 교육과 홍보가 필수적이다.

|참|고|문|헌|

-1장-

권혁주, "한국 행정에서 사회적 평등과 발전: 사회 정책을 중심으로", 〈한국행정학보〉, 2007, 41(3), 67~90.
김상봉, 《학벌 사회》, 한길사, 2004.
김세원 외, 《페어 소사이어티》, 한국경제신문, 2011.
김세훈·서순복, "문화 예술 공공 지원 정책의 공정성 인식에 관한 탐색적 연구: 주체, 내용, 대상을 중심으로", 〈한국 사회와 행정 연구〉, 2012, 23(1), 55~76.
김호균, "조직 공정성 인식, 조직 신뢰, 조직 시민 행동 간 영향 관계 분석", 〈한국행정학보〉, 2007, 41(2), 69~94.
김호섭, "행정책임의 논리", 〈한국행정학보〉, 1991, 25(3): 783~802.
박종민, "평등 및 공정성의 현실과 이상", 석현호 편, 《한국 사회의 불평등과 공정성》, 나남출판, 1997, 153~196.
박종민, "한국인의 평등의식", 석현호 외, 《한국 사회의 불평등과 공정성 의식의 변화》, 성균관대 출판부, 2005, 151~214.
박철민·김대원, "조직 공정성이 상관 신뢰와 공직 몰입에 미치는 영향", 〈한국행정학보〉, 2003, 37(4), 125~145.
백종현, 《현대 한국 사회의 철학적 문제, 사회 운영 원리》, 서울대 출판부, 2004.
서울대학교 행정대학원 한국정책지식센터, 〈공무원 인식도 조사〉 시계열 조사, 2009~2011.
서울대학교 행정대학원 한국정책지식센터, 〈시민 인식도 조사〉 시계열 조사, 2006~2011.
성균관대학교 서베이리서치센터, 〈한국종합사회조사〉 시계열 조사, 2005, 2009, 2010, 2011.
성시영·정용덕, "한국에서의 공정성 문제 제기 요인", 〈사회과학연구〉, 2012, 23(2), 93~114.
송호근, "공정 사회, '합의'가 중요하다", 황경식 외, 《공정과 정의 사회》, 조선뉴스프레스, 2011, 231~270.
안병영·정무권, "민주주의, 평등, 그리고 행정: 한국 행정 연구를 위한 이론적·경험적 함의를 찾아서", 〈한국행정학보〉, 2007, 41(3), 1~40.
유종해·김택, 《행정의 윤리》, 박영사, 2010.
이영, "정의와 공정 사회: 경제 정책", 황경식 외, 《공정과 정의 사회》, 조선뉴스프레스, 2011, 311~343.
이종수, 《정부는 공정한가》, 대영문화사, 2012.
이종수, "지역사회 내의 공정성 제고와 지방정부의 역할", 〈지방행정연구〉, 2011, 25(1), 15~34.
임의영, "사회적 형평성의 정의론적 논거 모색: M. Walzer의 '다원주의적 정의론'을 중심으로", 〈한국행정학보〉, 2009, 43(2), 1~18.
전성표, "배분적 정의, 과정적 정의 및 인간관계적 정의의 관점에서 본 한국인들의 공평성 인식과 평등의식", 〈한국사회학〉, 2006, 40(6), 92~127.
한국 사회과학협의회, 〈한국 사회의 공정성 및 형평〉 시계열 조사, 1990, 1995, 2000.
한국행정연구원, 〈한중일독 공무원 채용 및 승진 제도 비교 연구〉, 2012.
황경식, "공정한 경기와 운의 중립화", 황경식 외, 《공정과 정의 사회》, 조선뉴스프레스, 2011, 11~46.
황혜신, 〈공정한 사회와 정부의 역할에 관한 연구〉, 한국행정연구원, 2011.

Dahl R. A., *A Preface to Economic Democracy*, Berkeley: University of California Press, 1985.
Frederickson H. G., *The Spirit of Public Administration*, San Francisco: Jossey-Bass Publisher, 1997.
Lowi T. J., *The End of Liberalism: Ideology, Policy and the Crisis of Public Authority*, New York: Norton, 1969.
Marini F., *Toward a New Public Administration: The Minnowbrook Perspective*, Scranton, Pa.: Chandler, 1971.

Rawls J., *A Theory of Justice*, Cambridge, Mass. : Harvard University Press, 1971.
Rawls J., *Justice as Fairness: Political, Not Metaphysical*, Philosophy and Public Affairs, 1985, 14, 223~251.
Stone D., *Policy Paradox: The Art of Political Decision Making*, New York: W. W. Norton & Company, 2002.
Weber M. (1924), "Bureaucracy and Legitimate Authority", Michael J. Handel(ed.), *The Sociology of Organizations: Classic, Contemporary, and Critical Readings*, Thousand Oaks: SAGE Publications, 2003.
Weber M., *Economy and Society: An Outline of Interpretive Sociology*, Translated by Guenther Roth and Claus Wittich, New York: Bedminster Press, 1968.

-3장-

렌 피셔, 김명철 옮김, 《보이지 않는 지능》, 위즈덤하우스, 2012.
밥 셔트클리프, 박길성·윤상우 옮김, 《불평등한 세계를 바라보는 123가지 방법》, 문화디자인, 2003.
우석훈·박권일, 《88만원 세대》, 레디앙미디어, 2007.

Adams, J. Stacy, "Inequity in Social Exchange," *Advances in Experimental social Psychology* v.2, 1965, 267~299.
Austen, S., "Norms of equality and the wage structure in fourteen countries", *Culture and the Labour market*, Edward Elgar, 2003.
Headey, Bruce, "Distributive Justice and Occupational Incomes: Perceptions of Justice Determine Perceptions of Fact," *The British Journal of Sociology*, 1991, 42(4): 581~596.
Homans George C., *Social Behavior: Its Elementary Forms*, New York:

Harcourt Brace Jovanovich Publishers, 1961.
Jasso, Guillermina, "On he Justice of Earnings: A New Specification of the Justice Evaluation Function," *American Journal of Sociology*, 1978, v.83 : 1398~1419.
Kelly, J & Evans, M., "The Legitimation of Inequality: Occupational earning in Nine Nations," *American Journal of Sociology*, 1993, v.99 : 75~125.
Markovsky, Baary, "Toward a Multi-level Distributive Justice Theory," *American Sociological Review*, 1985, v.50 : 822~839.
Merton, Robert King, *Social Theory and Social Structure*, New York : Free Press, 1957.

―4장―

"계층 간의 사다리가 부러졌다", 〈한겨레21〉, 제825호, 2010. 8. 27.
마이클 샌델, 이창신 옮김, 《정의란 무엇인가》, 김영사, 2009.
송호근, 《한국의 평등주의, 그 마음의 습관》, 삼성경제연구소, 2009.
아더 M. 오쿤, 이영선 옮김, 《평등과 효율: 갈등 구조의 분석 및 조화의 방안》, 현상과 인식. 1989.
장하준, 《그들이 말하지 않는 23가지》, 부키, 2010.

Adams, John Stacy., "Inequity in Social Exchanges," in L. Berkowitz (ed.) *Advances in Experimental Social Psychology* 2, New York: Academic Press, 1965, 267~299.
Dahrendorf, Ralf., *Class and Class Conflict in Industrial Society*, Stanford : Stanford University, 1959.
Merton, Robert K., *Social Theory and Social Structure*, New York : Free Press,1957.

Messner, Steven F. and Richard Rosenfeld, *Crime and The American Dream*, 4th edition, Belmont, CA : Thomson Wadsworth, 2007.

―5장―

김석호 · 신인철, "지식공간이론을 이용한 사회적 거리감 척도의 한국 사회에서의 적용 가능성", 한양대학교 사회학과 SSK 사업단 제46회 콜로키움 발표 자료, 2012.
보건복지부 · 여성부, 〈전국 다문화 가족 실태 조사〉, 2009.
석현호·이혜경·강수돌·정기선·이정환, 《국내 제조업체 외국인 노동자》, 성균관대학교 서베이리서치센터, 한국 사회과학자료원, 1998.
석현호·이혜경·강수돌·정기선·이정환, 《외국인 노동자 고용 국내 제조업체의 한국인 사원 조사》, 성균관대학교 서베이리서치센터, 한국 사회과학자료원, 1998.
성균관대학교 서베이리서치센터, 〈한국종합사회조사〉, 2003.
성균관대학교 서베이리서치센터, 〈한국종합사회조사〉, 2010.
송유진, "한국, 대만, 일본의 이민자에 대한 태도", 《한국인구학》, 2008, 31(2) : 1~20.
에이미 추아, 이순희 옮김, 《제국의 미래》, 비아북, 2008.
이명진 · 최유정 · 최샛별, "다문화 사회와 외국인에 대한 사회적 거리", 《조사 연구》, 2010, 11(1), 63~85.
이정환·김석호, 《외국인 근로자 취업 및 실태 조사》, 한국산업인력공단, 2010.
정기선·김석호·강동관·설동훈·이규용, 《2010 체류 외국인 실태 조사: 고용허가제와 방문취업제 외국인의 취업 및 사회생활》, 법무부, 2010.
행정안전부, "우리나라 외국인 주민 140만 돌파, 주민등록 인구의 2.8%", 2012, 8. 12.
황정미·이명진·최현·이동주, 《한국 사회의 다민족 다문화 지향성에 대한 조사 연구》, 한국여성정책연구원, 2007.

우리 사회는 공정한가
통계와 사례로 바라본 한국 사회의 공정성

지은이 | 경제·인문사회연구회
펴낸이 | 김경태
펴낸곳 | 한국경제신문 한경BP

제1판 1쇄 발행 | 2012년 12월 28일
제1판 2쇄 발행 | 2013년 4월 15일

주소 | 서울특별시 중구 중림동 441
기획출판팀 | 02-3604-553~6
영업마케팅팀 | 02-3604-595, 583 FAX | 02-3604-599
홈페이지 | http://www.hankyungbp.com
전자우편 | bp@hankyungbp.com
T | @hankbp   F | www.facebook.com/hankyungbp
등록 | 제 2-315(1967. 5. 15)

ISBN 978-89-475-2891-7   03330

값 15,000원

파본이나 잘못된 책은 구입처에서 바꿔 드립니다.